Hans Bankl

Mozart und seine Brüder

Hans Bankl

Mozart und seine Brüder

Hintergründige Geschichten von der Freimaurerei
Mit Auszügen aus Hans Bankls Freimaurer-Tagebüchern

Herausgegeben von Christa Bankl

Seifert Verlag

Umwelthinweis:

Dieses Buch und der Schutzumschlag wurden auf chlorfrei gebleichtem Papier gedruckt. Die Einschrumpffolie – zum Schutz vor Verschmutzung – ist aus umweltverträglichem und recyclingfähigem PE-Material.

1. Auflage

Umschlaggestaltung: Joseph Koo'
Cover-Illustration: Joseph Koo'
Verlagslogo: Padhi Frieberger
Druck und Bindung: CPI Moravia Books GmbH, Austria
ISBN: 978-3-902406-64-4
Printed in Austria

Inhalt

Vorwort des Alt- und Ehrengroßmeisters Michael Kraus

Es ist eine sehr schöne, wenn nicht sogar glückliche Fügung, dass dieses Buch unseres verewigten Freundes Hans Bankl gerade im Jahr 2009 herauskommt. Die Großloge von Österreich feiert in diesem Jahr ihr 225. Bestehen, und aus diesem Anlass haben wir im Freimaurermuseum auf Schloss Rosenau bei Zwettl eine Sonderausstellung mit dem Titel »... unsere Bausteine sind die Menschen« gestaltet. Hier werden das erste Mal Persönlichkeiten Österreichs aus diesen Jahrhunderten präsentiert, die alle Freimaurer waren. Das Buch »Mozart und seine Brüder« passt somit großartig zu diesem Anlass.

Wir haben alle Hans Bankl ob seines Wissensdurstes und Tatendrangs außerordentlich geschätzt. Vor allem, weil es ihm nicht nur darum ging, auf höchstem wissenschaftlichem Niveau historisch zu arbeiten, sondern weil ihm eine Eigenschaft am Herzen lag, die wir gerne als eine für die Freimaurer wesentliche bezeichnen: Wir spüren die Verpflichtung in uns, mit dem, was wir können, auch etwas zu bewirken, ob es den Mächtigen nun passt oder nicht. Dass er damit nicht nur in der Welt draußen, sondern auch in den eigenen Reihen immer wieder auf einigen Widerstand gestoßen ist, liegt fast in der Natur der Sache, und es ist ihm und vor allem auch seiner Familie hoch anzurechnen, dass er darob die Tugend der Toleranz und Brüderlichkeit nicht vergessen und uns so manche Unfreundlichkeit verziehen hat. Er hat viel für uns getan, er hat Spuren hinterlassen, die uns prägen, und wir schulden ihm Dank und Bewunderung.

Möge dieses Buch einen Beitrag zum wohlwollenden Verständnis der Menschheit für die Freimaurerei leisten, denn auch das war eines der Anliegen von Hans Bankl.

Dr. Michael Kraus
Alt- und Ehrengroßmeister
Obmann des Museumsvereins Schloss Rosenau

Reise in die Vergangenheit

Folgt mir bitte auf eine Reise in die Vergangenheit! Wir versetzen uns in das Mitteleuropa des 5. nchr. Jahrhunderts, es ist die Zeit der Völkerwanderung, und es geht ziemlich rüde zu.

437 werden die Burgunder von den Hunnen aufgerieben und ihr König Gundicarius wird getötet. Attila war nicht dabei.

453 stirbt Attila, der eine Germanin, Hildico, zur Frau hatte.

455 wird Dietrich v. Bern geboren.

Über die turbulenten Ereignisse der Zeit entstehen mündlich überlieferte Heldengeschichten, wobei Personen mit ähnlichen Namen zu einer Gestalt verschmelzen und Männer, die gar nicht gleichzeitig lebten, miteinander in Verbindung gebracht werden. Die mündliche Überlieferung verändert die Geschichten laufend, viele Episoden kommen hinzu, die Hauptdarsteller wechseln, es treten Figuren auf wie Siegfried und Hagen v. Tronje, Kriemhild sowie Gunther, Gernot und Giselher.

Um 1200 raffte sich ein dichterisches Naturtalent – wahrscheinlich ein Österreicher – auf und fasste den gewaltigen Stoff schriftlich (und noch dazu in gebundener Sprache) zusammen.

Die älteste Handschrift stammt aus 1225 – das Nibelungenlied war fertig.

Genau um diese Zeit waren Partien von Kirchenbauleuten, Maurern und Steinmetzen mit dem Aufbau gotischer Kathedralen beschäftigt. Diese Spezialisten waren nur für die Zeit des Kirchenbaues selbst an einem Ort sesshaft, sie zogen nach Vollendung des Baues weiter: als Bruderschaften mit Berufsgeheimnissen, die zwar untereinander Kontakt hatten und Leute austauschten, aber auch immer vor Werkspionage in Angst waren. Diese Bruderschaften waren frei vom Zunftzwang der jeweiligen Städte, daher hießen sie Freimaurer.

Zurück zu den Gestalten der Heldengeschichte:

800 Jahre später, ab 1853 hat Richard Wagner den Stoff nicht nur musikalisch bearbeitet, sondern auch dichterisch völlig neu gestaltet. Andere Personen traten in den Vordergrund, der Ablauf der Handlung wurde völlig umgeändert.

Was war da kulturhistorisch und literarisch geschehen?

Es war im Laufe von weit über 1000 Jahren eine Kunstsage entstanden und zweimal im Abstand von Jahrhunderten fixiert worden.

Was ist eine Sage?

Eine zunächst auf mündliche Überlieferung beruhende Erzählung von objektiv unwahren, oft fantastisch-wunderbaren Ereignissen. Diese Erzählungen werden jedoch als Wahrscheinlichkeitsbericht aufbereitet und setzen den ernsthaften Glauben der Zuhörer voraus – das ist der entscheidende Unterschied zum Märchen.

Im Laufe der Zeit und im Zuge weiterer Verbreitung von Ort zu Ort und von Volk zu Volk erfolgt eine ständige Umdeutung und Umgestaltung der Sage im Geiste der Zeit, des betreffenden Volkes oder bestimmter Interessengruppen.

Im Gegensatz zum orts- und zeitlosen Märchen (»Es war einmal…«) knüpft die Sage ursprünglich an einen wirklichen äußeren Anlass an, den sie in freier Fantasie umgestaltet und ausschmückt.

König Salomo und der Tempelbau

Und jetzt, verehrter Leser, reisen wir noch einmal in der Zeit zurück, bis in das Jahr 586 vor unserer Zeitrechnung. Damals eroberte der Babylonier Nebukadnezar Jerusalem, der salomonische Tempel wurde zerstört, und es begann das sog. babylonische Exil der Israeliten.

Kurz danach wurde ein Geschichtswerk des jüdischen Volkes fertiggestellt, welches die Zeit von König David (regierte etwa von 1000–961) bis in die unmittelbare damalige Gegenwart darstellte: »2 Bücher der Könige«.

150 Jahre später entstanden dazu noch die »2 Bücher der Chronik«, welche in der Geschichtsschreibung sogar bei Adam beginnen und eine lückenlose Chronologie bis zur babylonischen Verbannung bringen.

Diese Bücher wurden in eine Schriftensammlung aufgenommen, die wesentlich später den Namen »Altes Testament« erhielt.

Im historischen Mittelpunkt der Schilderungen steht König Salomo und sein Tempelbau.

Hier nun tauchen zwei Pesonen mit dem Namen Hiram auf:

1. Hiram, König von Tyrus, ein historisch belegter Phönizierkönig, der von 979–945 regierte und mit seinem Kollegen Salomo Geschäfte machte.

   Hiram bedeutet: »Mein Bruder ist erhaben.«

   Abraham: »Der Vater ist erhaben.«

2. Ein Werkmeister, Facharbeiter, Spezialist für Metallbear-

beitung und Design mit Namen HIRAM ABI (das Abif stammt von Luther), der für Salomo als ausländischer Experte am Tempel mitbaute. Der Staatsbürgerschaft nach war er Phönizier, alles andere ist ziemlich unklar.

Laut Bibel führte er alle seine Arbeiten zu Ende, von einem frühzeitigen oder gewaltsamen Tod ist keine Rede.

3. Dann gibt es noch einen ADONIRAM, Salomos Aufseher über die Sklavenarbeiter. Der Name ist als authentisch anzusehen, denn er stammt aus profanen Staatsakten, die in die Geschichtsbücher des Alten Testaments übernommen wurden.

   Nach Luther war er »Rentmeister«, d. h. Finanzeintreiber: auf jeden Fall eine eher ungute Figur. Und er wurde auch auf einer Inspektionsreise ermordet!

Die Hiram-Erzählung

Um die Gestalt eines HIRAM ranken sich in der Tradition der Freimaurer verschiedene Geschichten, die als Ausdruck mystischer Spekulationen zum zentralen Teil ihrer Lehre und ihrer Rituale geworden sind. Im Folgenden die Grundzüge der sog. HIRAM-Sage, die in mehreren Varianten existiert:

Nach dem Tode König Davids sandte dessen Sohn Salomo eine Botschaft an den König von Tyrus HIRAM: »Wisset, dass mein Vater willens war, Gott einen Tempel zu bauen … aus diesem Grund bitte ich Euch, sendet mir einige Eurer handfertigsten Männer!«

Und der König von Tyrus sandte seine Diener zu Salomo, und er sandte einen Mann, der HIRAM ABIF genannt wurde. Er war ein Meister der Geometrie und war Meister all der Steinmetzen,

Bildhauer, Graveure und Arbeiter und der Gießer für Erz und aller anderen Metalle, die für den Tempel gebraucht wurden, und er wurde bald groß und einflussreich. Aber wie mächtig Hiram auch wurde, feindliche Geschicke wirkten ihm entgegen. Der Anlass zu seinem Unglück waren unzufriedene Arbeiter. Die tausenden von Arbeitern am Tempel waren eingeteilt in Lehrlinge, Gesellen und Meister. Sie erhielten allwöchentlich ihren Lohn an der für sie bestimmten Stelle: die Lehrlinge an der Säule Jachin, die Gesellen an der Säule Boas und die Meister in der mittleren Kammer; wobei jeder, da eine andere Kontrolle nicht möglich war, dem Zahlmeister sein Gradwort ins Ohr zu flüstern hatte.

Aber drei Arbeiter waren mit ihrer Stellung als Gesellen unzufrieden und begehrten eine höhere. Sie forderten die Erhebung in den Meisterstand, und damit auch die Mitteilung des geheimen Meisterwortes. Hiram verweigerte ihnen jedoch das geheime Wort. Darauf beschlossen sie, sich zu rächen, und ermordeten ihn. Nach der Tat kam eine große Angst über die Täter. Sie nahmen Hirams Leichnam, trugen ihn vor die Stadt und begruben ihn dort. Um die Stelle nötigenfalls wiederzufinden, steckten sie einen Akazienzweig in das lockere Erdreich.

In der häufiger tradierten Fassung der Sage empfand König Salomo Furcht vor der unheimlichen Macht des großen Meisters und unterstützte selbst die Intrige, die schließlich zu dessen Tod führte. Nachdem Hiram begraben war, trat jedoch der Prophet Achia aus Silo vor Salomo und warnte ihn vor der Strafe, die jenen treffen würde, der das Blut Hirams vergoss. Voller Furcht beschloss Salomo, den Leichnam Hirams suchen zu lassen. Drei mal drei der ältesten Meister zogen aus. Sie fanden das Grab. Aber Solomo und die Meister glaubten nun, dass die Mörder Hiram das Meisterwort abgenötigt hatten. Darum wurde vereinbart, dass das erste Wort, das einer der Meister bei der Ausgrabung der Leiche unbeabsichtigt sprechen würde, als neues Meisterwort gelten solle.

Sie legten daraufhin den Leichnam frei. Der erste Meister versuchte, die rechte Hand des Toten am kleinen Finger zu ergreifen, doch er fand, dass sich die Haut vom Fleische löste. Der zweite ergriff die ganze Hand, aber das Fleisch löste sich vom Knochen. Erschrocken rief er: »Mac benah!« So wurde dieses Wort zum neuen Meisterwort bestimmt. (Davon noch mehr etwas später.)

* * *

Im Laufe der Zeit wurden die verschiedenen Namen und Personen der einzelnen Überlieferungen zu einem unentwirrbaren Durcheinander verbunden – wobei allerdings immer ein Baumeister HIRAM gemeint ist, den es aber nie gab!

Eine ganze Reihe jüdischer Geschichten, Märchen und Sagen ranken sich um Salomo, den Erbauer des Tempels, es entsteht ein umfängliches Konvolut – Midrasch, Talmud –, aber HIRAM der Baumeister taucht nirgends auf.

Mit einer Ausnahme: Bei Flavius Josephus kommt er unter dem Namen »Cheiramos« vor.

Viele Jahrhunderte lang passiert nun gar nichts, oder besser fast nichts. Denn in den alten Manuskripten mit Konstitutionen und Zunftsagen englischer Bauleute treten nur die in der Bibel handelnden Personen wieder auf:

Im REGIUS-Manuskript (1390) steht gar nichts von der Geschichte, im COOKE-Manuskript (Anfang 15. Jhd.) Wird Zwar Über Den Tempelbau Geschrieben, Der Name HIRAM kommt jedoch nicht vor; im GRAND-LODGE-Manuskript No. 1 (1583) wird ein Architekt und Sohn König HIRAMS erwähnt, er trägt den Namen Aynone.

Eine besondere Köstlichkeit ist ein im Ritual einer mittelalterlichen deutschen Bauhütte vorkommender Anton Hirasmus.

Aber danach geht es Schlag auf Schlag.

1723 in der 1. Auflage von Anderson's Constitution erscheint Hiram Abif, Sohn einer Witwe aus dem Stamm Naphtali in einer Fußnote; 1730 schließlich wird in der berühmten Verräterschrift des Samuel Prichard (»Masonry dissected«) die Hiram-Geschichte als Bestandteil des freimaurerischen Rituals bereits ausführlich dargestellt.

Das heißt: Schlagartig zwischen 1723 und 1730 ist die Hiram-Sage da, so wie wir sie heute noch kennen, und sie ist auch schon in den freimaurerischen Ritus eingebaut. Wir wissen nicht, wer diese Geschichte konstruiert hat, wir wissen nicht, wann es war, und wir wissen nicht, warum.

Zwei Linien sind in der Überlieferung zu unterscheiden:

1. Die Hiram-Sage im Ritual, ihre dramaturgische Aufbereitung und halb szenische Aufführung, die wahrscheinlich zurückgeht auf das mittelalterliche Mysterienspiel. Hier zeigen sich frühzeitig starke Unterschiede in den verschiedenen Oboedienzen und Systemen.

2. Die Hiram-Sage im Rahmen der »Großen Legende vom Tempelbau«, d. h. in den erklärenden und ergänzenden Schrifte. Hier kommt eine Fülle von Nebenhandlungen und Geschichten hinzu, vor allem tritt die Königin von Saba auf, es kommt zu Liebe, Verrat, Machtkampf und Totschlag – es entsteht die bewährte literarische Masche von »sex and crime«: Hiram wird der Geliebte der Königin von Saba, der eifersüchtige Salomo stiftet die unzufriedenen Gesellen zum Mord an Hiram an.

Was wir also als gesichert annehmen können, ist denkbar wenig:

In der Zeit zwischen 1723 und 1730 scheint ein Unbekannter die Geschichte von HIRAMS Tod durch drei Gesellen frei geschaffen zu haben. Dementsprechend handelt es sich um eine Kunstsage von eminenter symbolischer Bedeutung, ausgerichtet auf ein ziemlich kleines Zielpublikum (die Freimaurer), und im Grunde entstanden aus der Kompilation verschiedener uralter Motive der Menschheit:

- ritueller Mord an einer Leitfigur, um deren Eigenschaften selbst zu erwerben,

- Wortmagie,

- Tod und Wiedererweckungsversuch.

Da wir Menschen der Gegenwart sind, müssen wir allerdings akzeptieren, dass man den Fall HIRAM auch ganz anders sehen kann.

Ein moderner Kriminalist würde die Sache ziemlich abstrus finden:

- Ein klassischer Ritualmord für nichts und wieder nichts: Das ist aber typisch für den Ritualmord, der ja ein Produkt eines Geisteskranken und ein Fall für den Psychiater ist.

- Motiv ist ein Geheimcode, der völlig wertlos ist, da er ja nach Preisgabe sofort geändert werden könnte.

- Der Leichenfund erfolgt an einer von den Tätern markierten Stelle.

- Schließlich gibt es noch Reanimationsversuche an einer verwesenden Leiche.

Symbol und Ritual

Sehen wir uns die Gemeinsamkeiten der einzelnen Überlieferungen an, dann fällt auf, dass in allen Sagen-Varianten der letzte tödliche Schlag mit einem Hammer auf den Kopf erfolgte. In den religiösen Vorstellungen der Etrusker wurde ein solches Ereignis bei jedem Sterbenden angenommen: Der Todesgott Charu(n) schlug die Menschen mit seinem Hammer auf den Schädel.

Verblüffenderweise ist der einzige Mensch, dem dies heute noch widerfährt, der Papst in Rom. Wenn nämlich ein Papst gestorben ist, gilt er offiziell erst dann als tot, sobald ein eigens hiefür zuständiger Würdenträger ihm mit einem kleinen silbernen Hammer auf die Stirne geschlagen hat.

Die Hiram-Geschichte verkörpert außerdem das klassische Motiv, dass eine Leitfigur in Erfüllung ihrer Pflicht den Opfertod erleidet.

Es ist nicht von der Hand zu weisen, dass das Symbol des Opfertodes eines der archaischsten und am weitesten verbreiteten Rituale verschleiern sollte: das Menschenopfer.

Im Nahen Osten war es zu biblischer Zeit durchaus nicht ungeheuerlich, einen Tempelbau mit Hilfe eines »heiligen Leichnams«, dem eines Kindes, einer Jungfrau, eines Königssohnes u. dgl. zu weihen. Die Geschichte von Abraham und Isaak liefert nur den bekanntesten von zahlreichen Hinweisen, wonach die alten Hebräer die Praxis von Menschenopfern pflegten.

Bei der Grundsteinlegung antiker Bauwerke war man überzeugt davon, der Bau könne nur gelingen, wenn er sein Opfer bekommen hat. Dieser Aberglaube der Bauleute ist uralt, und von daher rühren auch die zahlreichen Sagen von Baumeistern, die Fehler in ihrem Bau entdeckten und sich dann selbst töteten. Es ist wahrscheinlich, dass in der Geschichte über den Baumeister Hiram eine echte Bauopfersage versteckt wurde.

Hiram gehört allerdings in die Reihe jener tragischen Gestalten, deren gewaltsamer Tod sich später als segensreich erwies, da er für die zurückbleibenden Jünger Vorbild und Motivation bedeutete.

Dass Individuen, die sich über die Masse erheben, entweder angejubelt oder als verdächtig-störend angesehen werden, ist ein altbekanntes psychologisches Phänomen – »hosianna!« und »crucifige!« stehen nicht nur im Christentum eng beisammen.

Die bei Tieren meist vorhandene instinktive Hemmung der Tötung von Artgenossen wurde leider beim Menschen noch keineswegs durch eine ethische Hemmung ersetzt. Es wird sogar mit höchster Intelligenz und technischer Perfektion die Massenvernichtung an Artgenossen geplant.

All das sind keine archaischen Vorgänge, sondern sie finden bis in die Gegenwart statt. Heute werden die Meister, wenn der Gegensatz zur Masse zu groß geworden ist, in die Emigration vertrieben. Hiram wird immer wieder und immer noch erschlagen.

Was kann uns diese Symbolik lehren? Was ist zu tun?

Als Erstes und Wichtigstes ist es nötig, die Aggressionstendenzen unserer eigenen Unzulänglichkeit zu entdecken, an der rauen, steinharten Vorurteilsfreudigkeit der eigenen Person zu arbeiten. Wenn wir durch unsere eigene Einsicht tolerant werden, also nicht durch Schwäche und Kritiklosigkeit, so haben wir eine Stufe zur Meisterschaft erarbeitet.

Der nächste Schritt erfordert, sich mit Hiram zu identifizieren, selbst zu erfahren, wie einsam und oft angefochten der strebende und suchende Mensch ist. Wir müssen lernen, damit zu leben.

Die letzte Stufe ist die Erkenntnis, dass hinter der Symbolik vom gewaltsamen Tode des Meisters ein Trost verborgen ist: seine Lehre, sein Vorbild gehen nicht zugrunde, sie wirken fort.

Die schrecklichen Gesellen

Wo ein Mord geschah, müssen auch Mörder sein! Da die Hiram-Erzählung kein Kriminalroman ist, worin der Superdetektiv den Mörder überführt, sondern wir Symbole zu deuten haben, lautet die nächste Frage: Was ist die Bedeutung der Mordgesellen?

Nun, sie symbolisieren drei der schlechtesten Eigenschaften, die im Gegensatz zu den Ideen der Freimaurerei stehen:

- Der erste Geselle verkörpert die mangelnde geistige Reife. Sind wir selbst nicht auch manchmal unzufrieden und meinen, erzwingen zu können, was uns nicht zusteht? Trotz und Auflehnung sind die Folge, nur die Überlegenheit der Vernunft kann uns im Zaume halten.

- Der zweite Geselle verkörpert die Eitelkeit. Übertriebener Ehrgeiz verleitet dazu, nur den Weg nach äußeren Ehren zu suchen; Ansehen, Macht und Reichtum heißen die Ziele. Es ist ein Streben nach höherem Lohne, ohne dessen würdig zu sein.

- Der dritte Geselle verkörpert den Fanatismus, die rücksichtslose, blinde Intoleranz. Alle Mittel sind zur Erreichung des Zieles erlaubt. Daher musste auch der letzte Schlag der Todesschlag werden.

Vernunft, Menschenliebe und Toleranz fehlten den Gesellen, daher waren sie von der Meisterwürde zu weit entfernt.

* * *

Da ich überzeugt bin, dass es auch für den Leser interessant, ja reizvoll ist, einige Fragen, die sich im Zusammenhang mit der

Hiram-Sage ergeben, ja aufdrängen, bis zu den Quellen zurückzuverfolgen, lade ich ihn ein, mit mir vier Bausteine der Hiram-Geschichte dahingehend zu untersuchen. Ich stelle folgende Fragen:

Wer war Hiram?

Wie lautete das ursprüngliche Meisterwort, und warum war seine Kenntnis so wichtig?

Was bedeutet das neue Meisterwort?

Ist die Meistererhebung ein Reinkarnationsritus?

Wer war Hiram?

Vor allem ein Mann mit mehreren Namen:
Hiram,
Hiram abi (abif), (abiu),
Huram, Churam,
Adoniram, Adoram,
Cheiramos.

Und darüber hinaus wurde einiges mit dem Namen angestellt:

- ein Beispiel zur Wortkabbala: von Adoniram den 3.–6. Buchstaben weglassen = Adam,
- ein Beispiel für ein Akrostichon: Hic Jesus Resurrexit A Mortuis.

In der Bibel ist er der Sohn einer danitischen Frau aus dem Stamm Naphtali, sie ist Witwe. Der Vater war ein Bronzeschmied aus Tyrus. Demzufolge wäre er ein Halbjude aus Phönizien.

Bei Josephus ist der Vater ein Israelit mit Namen Urias. Jedenfalls war er ein aus dem benachbarten Ausland gerufener Künstler, ein Spezialist – aber für Metallarbeiten.

Die maurerische Ausschmückung der Sage machte ihn zu einem Nachkommen des Tubal Kain.

Aus dem Bibeltext geht nicht hervor, dass Hiram beim Tempelbau als Architekt mit der Bauleitung beauftragt war. Es sind nur alle seine Metallarbeiter angeführt, darunter auch die zwei Säulen aus Bronze in der Vorhalle des Tempels.

Die letzten Erwähnungen lauten (1 Könige 7,40): »So führte Hiram alle Arbeiten zu Ende, die er dem König Salomo für das Haus des Herrn anzufertigen hatte«, bzw. 1 Könige 7,45: »Alle diese Geräte, die Hiram dem König Salomo für das Haus des Herrn anfertigte, waren aus glatter Bronze.«

Hiram hat also sein Werk vollendet, über sein weiteres Schicksal gibt uns die Bibel – im Gegensatz zur Gestalt des Adoniram – keinen Aufschluss.

Wie lautete das ursprüngliche Meisterwort?

Das verlorene Meisterwort wird auf den traditionellen Lehrteppichen und Arbeitstafeln als das Tetragrammaton J-H-V-H (Jod-He-Waw-He) angegeben. Der Name »Jahweh« ist ein Kunstwort, und da im Hebräischen nur Konsonanten geschrieben wurden, ist das ursprüngliche Klangbild nicht sicher wiedergegeben:

– Jahweh (?)
– Jehowah (?)

Mit großer Wahrscheinlichkeit wird das Wort zwar als »Jahweh« gesprochen, aber auch Jahwah, Jehovah oder Jahuah wären möglich.

Derjenige, der den Gottesnamen richtig aussprach, soll Himmel und Erde erschüttern und unbegrenzte Macht erlangen können. Die richtige Aussprache haben nach jüdischer Überlieferung nur Moses, Enoch und Jakob beherrscht. In der freimaurerischen Tradition wussten dies nur Salomo und Hiram (nach einigen Versionen auch König Hiram von Tyrus, was aber religionsgeschichtlich überhaupt nicht stimmen kann).

Es handelt sich also nicht eigentlich um den Verlust des Wortes selbst, sondern um den Verlust der Kenntnis der richtigen Aussprache des Namens Gottes.

Wie immer: Der »wahre Name Gottes« ging verloren. Innerhalb der Symbolwelt der Freimaurer wird dem Komplex »Wort« – »Erkennungs- und Passwort« – »Meisterwort« eine hohe Bedeutung eingeräumt. Sowie der Lehrling durch die Kenntnis des Wortes J ... [1] an der linken Säule und der Geselle durch die Kenntnis des Wortes B ... [2] an der rechten Säule seinen Lohn empfängt, so kann auch der Meister durch die Nennung des Meisterwortes Meisterlohn erhalten.

Die Symbolik des Meisterwortes geht aber weiter. Hiram verstand es, über die Massen zu gebieten, er verfügte über Autorität und Ausstrahlungskraft. Er besaß das Wort, das ihm diese Kraft verlieh. Und so wird verständlich, dass es sich um das Gottes-Namen-Wort gehandelt hat.

Die Bedeutsamkeit eines Wortes erkennt man z. B. an der vermeintlichen Kraft der Zauberworte, wodurch man Macht über die angerufenen Dämonen und Geister erhielt. Die geistesgeschichtliche Bedeutung der Wortmagie ist Folgende: Kenntnis und Gebrauch eines bestimmten Wortes verleihen Macht. Diese Vorstellung ist in vielen Kult- und Mysterienbünden enthalten. Dämonen, Engel, Gottheiten und übernatürliche Wesen aller Art müssen reagieren (oft sogar gehorchen), wenn sie in der rechten Art und mit ihrem geheimen Namen angesprochen oder angerufen werden. Nur wer die geheimen Worte kennt, ist in der Lage, mit diesen Wesenheiten zu kommunizieren. Dies ist nicht eine religiöse, sondern eine magische Grundhaltung (»Ach wie gut, dass niemand weiß, dass ich Rumpelstilzchen heiß!«).

---

[1] Jakim
[2] Boas

Der jüdische Ein-Gott-Glaube an einen allmächtigen, allwissenden Schöpfer befand sich dabei in einer eigenartigen Lage. Der Ein- und Alles-Gott durfte und konnte natürlich nicht magisch beschworen werden, sondern nur das unterwürfige Gebet war eine standesgemäße Annäherung.

Wer aber den geheimen Namen wusste, konnte direkt mit ihm verkehren, auf einer adäquaten Stufe stehend; deshalb wurde der Name Gottes auch nicht niedergeschrieben, sondern umschrieben mit »Elohim« oder »Adonai«.

Da der Name die Person ausdrückt, ist er mit ihr gleichbedeutend, d. h. ebenso machtvoll und mit derselben Ehrfucht zu behandeln. Den Namen Gottes aussprechen hieße, Macht über Gott selbst haben zu wollen; dies wird aber als Gotteslästerung empfunden. 1 Mo 20,7: »Du sollst den Namen des Herrn, deines Gottes, nicht missbrauchen; denn der Herr lässt den nicht ungestraft, der seinen Namen missbraucht.«

Wenn daher die biblischen Schriftsteller es wagten, den Namen zu nennen, hinter dem Gott selbst steht, taten sie es voll religiöser Ehrfurcht oder verwendeten andere Bezeichnungen.

Schließlich ist auch die genau Erklärung des Gottes-Namen-Wortes nicht sicher. Meist wird angenommen, dass Jahweh mit der 3. Person Präsens des Zeitwortes »eintreten = werden« zusammenhängt.

Die Unsicherheit spiegelt sich in verschiedenen Übersetzungen der berühmten Stelle 1 Mo 3, 14–15, wo Gott aus dem brennenden Dornbusch zu Mose spricht und seinen Namen nennt:

- Einheitsübersetzung: »Da antwortete Gott dem Moses: Ich bin der ›Ich-bin-da‹, und er fuhr fort: So sollst du zu den Israeliten sagen: Der ›Ich-bin-da‹ hat mich zu euch gesandt. Weiter sprach Gott zu Mose: So sag zu den Israeliten: Jahweh, der Gott eurer Väter, der Gott Abrahams, der Gott Isaaks und der Gott Jakobs, hat mich zu euch gesandt. Das ist mein Name für immer, und so wird man mich nennen in allen Generationen.«

- Martin Luther: »Gott sprach zu Mose: Ich werde sein, der ich sein werde …«

- Vulgata: »Dixit Deus ad Moysen. Ego sum qui sum …« – »Ich bin, der ich bin«.

Die Vielzahl der Namen Gottes und die Suche nach dem richtigen Wort beflügelte die magisch-zauberhaften Vorstellungen. Besonders in der Kabbala ist an die 72 Namen Gottes ein besonderer Wortaberglaube gebunden. Der unaussprechliche Gottesname wurde dem Volke Israel zwar nie offenbart, findet sich jedoch nach kabbalistischer Überzeugung verschleiert im Pentateuch (»Fünf Bücher Mose«) genannt.

Verschiedene Hochgradrituale haben »ineffable degrees«, unaussprechliche Grade, da in ihnen die Suche nach dem unaussprechlichen Namen behandelt wird. So existiert auch der Begriff des »verlorenen Wortes« namentlich in den Hochgradsystemen der Freimaurerei und meint letztlich ganz allgemein »verlorene Geheimnisse«, d. h. die verlorene Kenntnis eines Höheren, eines Über-Menschlichen.

Selbst wenn einmal dieses Wort gefunden wäre – dürfte man es dann aussprechen? Betrachtet man das »verlorene Meisterwort« als Hinweis darauf, dass das Suchen nach gültigen Inhalten und Wahrheiten immer fortgesetzt werden muss, so trifft es den Kern unserer maurerischen Bemühungen.

Was bedeutet das neue Meisterwort?

Fast so variantenreich wie die Erzählung der Hiram-Sage ist die sprachbegriffliche Deutung des anlässlich der Auffindung von Hirams Leiche ausgerufenen neuen Meisterwortes.

Das Wort soll irgendwie den Zustand der Verwesung und das Übrigbleiben der Knochen andeuten.

Mit dem Tode Hirams war das alte Meisterwort verloren. Es hatte nicht nur die Bedeutung eines Erkennungssymbols, sondern verkörperte vor allem die Kraft, alle Eingeweihten zu Brüdern zu machen. In diesem Sinne ist die Suche nach dem verlorenen Wort berechtigt, dies muss erlebt und gelebt werden. Denn wenn etwas verloren wurde, so war es einmal da; und wenn es gut und segensreich war, ist es unsere Aufgabe, es wieder zu finden.

Das Wort allein bewirkt aber in der rauen und realen Gegenwart nichts. Nur die Tat ist wirkungsvoll. Die Tat alleine kann es schaffen, dass sich die Menschheit ihrer Gemeinschaft bewusst wird – und vor allem ihres höchsten menschlichen Phänomens, der Humanität.

Wenn wir nun fragen, »Was bedeutet das neue Meisterwort?«, kommen wir in beträchtliche Schwierigkeiten:

Die angeblich älteste Form des Meisterwortes im altenglischen Ritual war »Mahabone« und wurde gedeutet: »Bis auf den Knochen verfault.« Zu dieser Interpretation hat vermutlich der Gleichklang des zweiten Wortteiles mit dem englischen »bone« = »Knochen« Anlass gegeben.

Eine andere Deutung für »Mahabone« findet man im französischen Ritus III: »Maha« = »austilgen«, »bana« = »bauen«, also in freimaurerischer Symbolik: Wiederkehr des Lebens nach dem Tode.

Im Sloane-Manuskript 3329 aus dem Jahre 1700 lautet das Wort je nach Lesart »Mahabyn« oder »Maharyn«: »Ein anderes haben sie das Meisterwort genannt und (dasselbe) ist Maharyn, welches immer in zwei Worte geteilt wird …«

Dem Trinity-College-Manuskript, Dublin 1711, ist die Bezeichnung »Matshpin« zu entnehmen.

In einem Katechismus aus 1723, betitelt »A Mason's Examination«, lautet das Wort »Maughbin«.

Mit Sicherheit sind dies alles Verstümmelungen und undeutlich aus dem Gedächtnis niedergeschriebene Bezeichnungen.

Samuel Prichard schreibt in seiner genauen Wiedergabe des Rituals 1730: »›Macbenah‹, welches bedeutet: ›Der Baumeister ist erschlagen.‹«

Damit war erstmals das Wort in der annähernd auch heute noch gebräuchlichen Diktion publiziert. Und sofort begannen die Interpretationsversuche und eine manchmal sehr gewalttätige sprachliche Zuordnung:

- altirisch: »macha« = »Schlachtfeld« und »bon«= »das Ende eines Dinges«, also: »des Kampfes Ende«;
- oder: irisch: »Mac« = »Sohn« und »bena« = »tot«, also: »Sohn der Toten«;
- oder: schottisch: »Mac« = »Sohn« und »beanag, banag« = »Frauchen«, »Witwe«, also: »Sohn der Witwe«;
- oder: hebr: »Muhahbone« = »der Baumeister (bzw ›ein Bauender‹) ist erschlagen«;
- usw.

In der maurerischen Tradition wird das Kunstwort »Mac Benah« (ursprünglich zweiteilig) am häufigsten mit der Bedeutung »Das Fleisch löst sich vom Knochen« belegt. Dies ist selbstverständlich keine Übersetzung, denn eine solche gibt es bei einem

Kunstwort nicht. Der tiefere Sinn liegt darin, dass die Seelenvorstellung häufig mit dem Gedanken an die Unvergänglichkeit der Knochen in Zusammenhang gebracht wird. Nach der Verwesung des Fleisches sollen nämlich die Knochen eine Art Residualstruktur für die Auferstehung des Leibes bilden. Daher rührt auch der uralte Brauch, seinen Feinden zu wünschen, ihre Knochen sollten »Luft werden«. Damit wären sie für immer und ewig ausradiert.

Es steht also hinter dem »Das Fleisch löst sich vom Knochen« das viel wichtigere »Der Knochen ist erhalten«.

Da das Wort »Mac Benah« offensichtlich erst in jüngerer Zeit entstanden ist, sind sämtliche ethymologischen Ableitungen nur mehr oder weniger schöne Spekulationen. Ich glaube, wir können uns jedenfalls der alten mythischen Vorstellung über die Wichtigkeit des Erhaltenbleibens der Knochen anschließen. Es bedeutet dies ein nicht völliges Zunichtewerden des Toten, ein Erhaltenbleiben des »Seelengerüstes«. Setzt man statt Seele »Geist«, so sind wir bei »Sein Geist bleibt erhalten« angelangt.

Was allerdings den genauen Inhalt des neuen Meisterwortes angeht, so bieten wohl die Lehrgespräche III des »Katechismus der Meister« nach dem Ritual der A. F. u. A. M. v. D. das einzige akzeptable Ergebnis:

– »Was bedeutet das neue Meisterwort?«

– »Es bleibt ein Geheimnis.«

Ist die Meistererhebung ein Reinkarnationsritus?

Zweimal wird uns in der Freimaurerei der Tod besonders drastisch zum Bewusstsein gebracht: zuerst am Beginn unserer Laufbahn, während der Medidation in der dunklen Kammer, und schließlich bei unserer endgültigen und vollkommenen Einweihung.

Aber es ist nicht der Tod, worauf es ankommt, es ist – sagen wir es wertneutral – die Transformierung in ein höheres Leben, wir werden gleichsam zweimal geboren.

Ein mystischer, simulierter Tod ist in (altertümlichen) Einweihungsriten der erste Schritt zu einem neuen Leben auf höherer Ebene. In der Geisteswelt der Freimaurer ist jeder neue Meister, der symbolisch aus dem Grab emporgehoben wird, der wiedergeborene Meister des Tempelbaues.

Dem liegt die Vorstellung zugrunde, dass der Mensch keinen Zugang zu höherer Erkenntnis findet, wenn er nicht auf einer niedrigen Stufe »stirbt«.

Weiland Br:. Goethe hat auch in diesem Sinne gedacht, als er die berühmten Verse schrieb:

»Und so lang du dies nicht hast,
dieses Stirb und Werde,
bist du nur ein trüber Gast
auf der dunklen Erde.«
(Goethe, Westöstlicher Divan, 1819)

Dass für strenge Christen ein Auferstehungsritual ohne den Prototyp des von den Toten auferstandenen Christus nur mit Reserve betrachtet werden kann, ist naheliegend. Die Reibereien liegen auf der Hand. Doch bleiben wir auf dem Boden der Realität, d. h. des Machbaren und des Erlebbaren. Unsere Zeremonien können uns nur den symbolischen Gehalt unserer Lehre vermitteln. Hiram kann nicht in uns wiedererstehen, wenn wir nur äußerlich seine Rolle spielen. Es zählt nur das, was sich zutiefst in unserer Seele vollzieht.

Was nach dem Tode weiterexistiert, ist vor allem die Erinnerung an den Verstorbenen: an Hiram und einmal auch an uns. Ein ehrbares und beispielhaftes Andenken zu hinterlassen ist die Frucht des Bemühens, d. h. der Arbeit am rauen Stein; und diese Arbeit ist ja auch nichts anderes als die Kunst, das Leben im Dienste der Gemeinschaft zu meistern.

Dies ist freilich die höchste Kunst – die K. K.

Pathologie einer Loge

Eigentlich dürfte ein Pathologe gar nicht hier sitzen, denn nichts ist in Österreich beständiger als die Hierarchie der Beamten, ihre Privilegien und ihre Dienstvorschriften. Und es gab einmal einen Diensteid, welcher Pathologen am Allgemeinen Krankenhaus der Stadt Wien ausdrücklich verbot, Freimaurer zu sein[3].

Dennoch: Zwischen der Freimaurerei und der Pathologie gibt es eine Verwandtschaft. Die Gemeinsamkeiten beginnen früh. Sowohl die Pathologen wie auch die Mitglieder einer Loge werden vom profanen Publikum zumindest mit Misstrauen, oft sogar mit blanker Ablehnung bedacht. Bei den Pathologen liegt dies daran, weil die Leute zu wissen glauben, was sie tun, bei den Freimaurern kommt es daher, weil die Leute nicht wissen, was sie tun.

Ein Pathologe ist derjenige Arzt, welcher sich mit den letzten Dingen des Menschen auf Erden zu beschäftigen hat. Ähnliches passiert in einer Bauhütte. Je länger der Neophyt in einer Loge heranwächst, umso näher rückt er, einmal körperlich und zum

[3]Im Jahre 1801 wurde für alle Staatsdiener ein Verbot erlassen, bei Geheimgesellschaften Mitglied zu sein. Vgl. S. 32: Diensteid des Allgemeinen Krankenhauses

Eidespflicht

eines anatomisch pathologischen Prosektors im allgemeinen Krankenhause.

[illegible] Franz dem I. [illegible]

Alles das, was mir jetzt vorgelesen worden ist, und ich in Allem wohl u. deutlich verstanden habe, demselben soll ich stets u. fleißig nachkommen. So wahr mir Gott helfe. Wien am 5. Februar 844.

Rokitansky
Direktor u. Vorst.
d. path. Museums

anderen im Rahmen seiner stufenweisen Beförderung und Erhebung, an dieses zentrale Thema heran.

Aber hier muss gleich mit einem Irrtum aufgeräumt werden; ein Pathologe beschäftigt sich nicht nur mit Leichen, im Gegenteil: 95 % seiner Tätigkeit stehen im Dienste des lebenden Patienten, Pathologen sind Diagnostiker, Analytiker und Konsiliarärzte. Ein Pathologe im Sinne eines Leichenschneiders oder gar eines postmortalen »Besserwissers« wäre für die kritische Betrachtung der Freimaurerei auch gänzlich ungeeignet, denn eine Loge lebt und sollte keine Mumie sein.

Die erste öffentliche Publikation über Aufbau und Ritus der Freimaurerei, die sog. Verräterschrift des Samuel Prichard (London 1730), trug den Titel: »Masonry dissected«, d. h. »Die zergliederte Freimaurerei«[4], und weckt so zwangsläufig wieder Assoziationen zur Pathologie, zur Sektion, zur anatomischen Betrachtungsweise.

Qualität und gesunder Nachwuchs

Bewusst stelle ich nicht die Frage »Woran krankt es in einer Loge?« – hier könnte die Abgrenzung zum Waschen schmutziger Wäsche missverstanden werden –, sondern ich gehe vielmehr von der schönsten und schwierigsten Aufgabe meines Faches aus: Die Pathologie ist das Gewissen der Medizin, oder modern ausgedrückt: Qualitätskontrolle. Und damit sind wird bereits mitten drinnen in dem uralten Problem von Qualität und Quantität, denn beides zusammen geht bekanntlich nicht.

Die Lösung liegt weit im Vorfeld unserer Organisation, denn der Suchende muss bereits die »Qualität des Humanum« mit-

[4]Samuel Prichard, »Masonry dissected«, 1730: Darin wurden zum ersten Mal die verschiedenen freimaurerischen Rituale ihrem genauen Wortlaut nach abdruckt.

bringen. Machen wir uns keine Illusionen: Die meisten treten als bereits charakterlich fertig gebildete Männer vor die Tür unseres Tempelhauses, die Arbeit am rauen Stein wird sie im Wesen kaum mehr ändern, jedoch aber verfeinern und veredeln können.

Die Pathologie beschäftigt sich auch mit Fragen der Genetik, also der gesunden Fortpflanzung. – und wie sieht es mit dem maurerischen Nachwuchs aus?

Die Altersstruktur unserer Brüder ist biologisch durchaus in Ordnung. Bruder […] hat sich der Mühe unterzogen, dies EDV-mäßig auszurechnen: 80 % befinden sich zwischen dem 40. und 70. Lebensjahr, 10 % sind jünger, 10 % älter.

Eine gesunde Fortentwicklung erfordert unbedingt eine strenge Aufnahmepolitik, die rigorose Auslese muss so früh als möglich erfolgen, und zwar noch außerhalb unseres Hauses. Die besondere Verantwortung des Bürgen ist hier wesentlich. Das Netz kann nicht eng genug geknüpft sein, denn es ist ja auch von der anderen Seite, von innen kaum zu durchdringen, d. h. einen einmal Aufgenommenen werden wir nicht so leicht wieder los, auch wenn er sich als Ehrgeizling, Machthungriger, Vereinsmeier, Intrigant oder bloß als Neugieriger und Spinner entpuppen sollte.

Hier tut sich ein gewaltiger Unterschied zur Medizin auf: Eine Abmagerungskur der Freimaurerei geht nicht, ein Gesundschrumpfen ist unmöglich.

Wir sollten immer bedenken:

Es gibt viel zu wenig Suchende, aber viel zu viele Gesuchte!

Elitäre Auswahl und Isolierung der Männer

Manchmal ereignen sich auch genetische Glücksfälle, und dann entstehen Elitelogen. Aber auch die sind nicht vom Himmel gefallen, sondern durch das Zusammentreffen hochgeeigneter Männer entstanden.

Wodurch zeichnen sich solche aus? – Durch besondere Leistungsfähigkeit und besondere Leistungsbereitschaft.

Das Überdurchschnittliche ist allerdings kostbar und selten und wird dementsprechend mit Neid und Missgunst betrachtet.

Auch das entspricht völlig den Gesetzen der Genetik: eine herausragende Elite kann nur eine kleine Gruppe sein. Ich bin kein Politiker, daher kann ich ohne Rücksicht sagen: Es ist dringlich, die Ungleichheit zu fördern und der Nivellierung zu entfliehen; es ist notwendig, zur elitären Auswahl zurückzufinden, denn genau das bedeutet das Wort »Elite«: Elite = Auswahl der Auserlesenen!

Ein Pathologe hat auch die Geschlechtszugehörigkeit zu bestimmen. Der Freimaurerei wird immer wieder vorgeworfen, ein ausschließlicher Männerbund zu sein. Das ist zwar richtig, bewährt und gut, aber ich sehe die Sache doch etwas anders: Wir sind ein Menschenbund, denn wir sind für die Schwestern genauso da wie für die Brüder!

Das Muster der Schädigungen

Warum, so wird sich mancher Leser fragen, schreibe ich über »Pathologie einer Loge«, nicht über die Pathologie der Freimaurerei? Weil Ersteres genügt, denn jede Kette ist so stark wie ihr schwächstes Glied, und das gilt im Besonderen für die Bruder-Kette. Ist auch nur ein Teil einer Loge schwach oder gestört, so ist es zwangsläufig die gesamte Bauhütte. Die Loge ist einem Organismus zu vergleichen, der als Ganzes funktionieren muss. »Kranke« Teilgruppen sind eine Katastrophe, man kann sie ja nicht einfach eliminieren, obwohl es gut wäre. Amputationen gibt es nur am Menschen – die funktionieren dann schlecht; es gibt keine amputierte Loge – die funktioniert gar nicht.

Hier schließt an die Erwähnung des iatrogenen Schadens, also des Schadens, den eine ärztliche Behandlung unter Umständen nach sich zieht, eine weitere Beschädigung. Man will Gutes tun, etwas Neues probieren oder auch nur intensiver arbeiten: Das neue Mittel wird aber von der Loge nicht vertragen, eine Abstoßungsreaktion tritt ein, Instanzen distanzieren sich, Dignitäre sind indigniert, und damit läuft die Sache überhaupt völlig falsch und richtet Schaden an.

Fehler, die gemacht wurden, dürfen nicht verdammt werden, sondern es ist zu versuchen, mit Hilfe aller Brüder dies wieder zu reparieren. Jeder, der Kritik übt, muss auch einen Vorschlag anbieten, wie es besser gemacht werden könnte. Kritik ist angebracht und willkommen, wenn sie konstruktiv-aufbauenden Inhalt hat. Kritik um des Kritisierens willen gehört nicht in die Freimaurerei.

Pathologisch ist, wenn wir uns nicht allerschärfstens vom rituell kommandierten Stammtisch abgrenzen. Wir sind nicht Freimaurer geworden, um überwiegend Geselligkeit zu pflegen, um die WT zum »Relaxen« zu benutzen und um des lieben Friedens willen Probleme in Schweigen zu versenken.

Toleranz ist nicht Trägheit, Gleichgültigkeit und Bequemlichkeit!

Experiment und Statistik

Zur Tätigkeit des Pathologen gehört auch das Experiment. Ich habe den Versuch gewagt, statistisch-experimentell die Inhalte der Baustücke von zwei Logen während eines Arbeitsjahres miteinander zu vergleichen. In der Loge A gab es 37 Themen mit maurerischen oder esoterischem Bezug sowie drei Themen eher profaner Art. In der Loge B standen 19 maurerische Zeichnungen 21 sonstigen Vorträgen gegenüber. Dieses Ergebnis braucht nicht weiter kommentiert zu werden.

Wenn solches überhand nimmt, nähert sich unsere Gemeinschaft rasch der köstlichen Definition, die einmal in einem Kreuzworträtsel stand: 23 waagrecht, »Bauhandwerker, der keinen Lohn verlangt«, 10 Buchstaben; gesucht war das Wort »Freimaurer«.

Wenn wir schon bei der Statistik sind: Ich kenne Logen mit einer Besuchsfrequenz von nicht viel mehr als 50 %. In der Pathologie des Blutes wäre das eine bedrohliche Anämie. Liegt es vielleicht an der Thematik der Baustücke? Nein, denn wenn ich testhalber frage: »Was gibt es heute zu hören?«, erhalte ich in der überwiegenden Mehrzahl die Antwort: »Weiß ich nicht!«

Die Arbeitstafeln werden nämlich gar nicht gelesen.

Neugierde und Erfahrung

Wir in der Medizin haben eine Fortbildungspflicht, und es ist für mich im Profanen wie im Maurerischen eine Freude zu suchen, wo etwas Interessantes oder Lehrreiches zu hören ist. Ich bin noch neugierig und hoffe es auch zu bleiben.

Will ich mich »beliebt« machen, brauche ich nur einen Satz auszusprechen: »Wer kennt auf Anhieb und sofort das Jahresmotto?«

Pathologisch ist, wenn sich die Mitglieder einer Loge nicht einmal um die eigene Realgeschichte der Bauhütte bzw. die allgemeine Ritual- und Ideengeschichte des Bundes kümmern. Aber wer teilt einem das schon mit? Die jungen Neophyten kommen in eine Loge und erfahren oft nicht einmal, wann, warum und von wem diese gegründet wurde! Aber wir brauchen diese Geschichtstradition, denn wir sind ja nur deshalb so hoch oben, weil wir auf den Schultern unserer Vorfahren stehen. Die älteren Brüder, das Fundament unserer Gemeinschaft, sollten ihre Erfahrungen mitteilen und weitergeben. Denn erst gefestigt durch die maurerische Tradition, dürfen die Jüngeren ihre eigene Welt aufbauen. Zunächst sollten sie jedoch von den hammerführenden Maurern Ziele gesetzt bekommen und für diese Arbeit motiviert werden.

Pathologie der Esoterik

Oft nur mit Scheu, manchmal mit großen und kleinen Phrasen oder auch gar nicht, wird mir folgende Frage beantwortet: »Ist Esoterik pathologisch?«

Ganz klar ja, wenn sie einseitig und im Übermaß betrieben wird, d. h. die Grenze zum Okkultismus sollte nicht überschritten werden. Ganz klar nein, wenn das harmonische Maß eingehalten wird, d. h. die innere Erkenntnis des freimaurerischen Gedankens angestrebt wird.

Wir befinden uns nämlich in einem alternativen Dilemma. Wenn wir nur nach Esoterik streben, dann tun wir zwar etwas für unsere »schönen Seelen«, aber lassen ansonsten die Welt zugrunde gehen. Verhalten wir uns aber in erster Linie exoterisch, beginnt es mit der Vereinsmeierei, dann kommen die Einmischung in die Politik und öffentliche Angelegenheiten, und es endet mit dem Aufruf zur Weltrevolution.

Therapievorschlag

Wie haben wir uns also zu verhalten? Ganz schlicht nach unseren Leitmotiven »Wir bauen am Tempel der allgemeinen Menschenliebe« und weiter »Wie hier durch das Wort, so im Leben durch die Tat«.

Jetzt fahre ich medizinisch fort – unsere »Patienten« sind die Menschen, in ihrer Einsamkeit, ihrer Hilfsbedürftigkeit. Jeder sollte Arzt seines Nächsten sein. Das geht ziemlich einfach:

Richtet das Wort an die Menschen!
Zeigt Interesse an den Menschen!
Seid bereit, den Menschen zu helfen!

Befolgen wir ein indisches Sprichwort: Für ein finsteres Gesicht braucht man 72 Muskeln, für ein Lächeln nur 14. (Wenn dies auch anatomisch nicht stimmt, so ist es gut erfunden.)

Das gilt auch für uns selbst als »Patienten«. Eine Loge ist zwar keine Heilstätte, aber ein Zufluchtsort, wo der Bruder menschliche Geborgenheit in brüderlichem Verständnis findet.

Mir selbst gelingt es häufig: Nach der rituellen Arbeit, nach dem brüderlichen Gespräch, gehe ich gestärkt aus der Loge. Denn wir bekommen viel von einer gelungenen Logen-Arbeit: die Weisheit des vernünftigen Bewusstseins, die Stärke zum entschiedenen Handeln und die Schönheit des emotional Unbewussten.

Und darum komme ich wieder!

Zum Abschluss ein Beispiel aus meiner Alltagsarbeit (im Seziersaal). Das Schlimmste an der pathologisch-anatomischen Diagnostik ist, nur kurz hinzuschauen, dann aber lange zu diskutieren und schließlich nur wenig zu tun. Genau umgekehrt sollte es sein. Da die Zukunft der Welt und die Zukunft der Freimaurerei in unseren Händen und Köpfen liegt, fordere ich alle Brüder auf, nicht zu viel zu diskutieren, sondern ruhig zu handeln.

Es lebe die gesunde Freimaurerei, die keinen Pathologen braucht!

Warum hat sich Absalom in 3 Nesseln gesetzt?

Die Namen unserer Bauhütten lassen sich in zwei große Gruppen trennen. Zum einen sind es Symbole oder Parolen (Libertas, brüderliche Harmonie, 3 Rosen, 7 Himmel), zum anderen Personennamen.

Ein Logen-Name passt nicht in dieses Schema – DONAU. Dabei haben es die Freimaurer in Österreich leicht mit den Logen-Namen im Vergleich zu Deutschland. Dort sind nämlich zusammengesetzte Namen die Regel. Beispiel:

Älteste Loge Deutschlands: Absalom zu den 3 Nesseln in Hamburg 1737. Warum hat sich Absalom in 3 Nesseln gesetzt? – Gar nicht.

1. Name »Loge d' Hambourg« (franz.) →

   Streit ums Geld, Trennung einiger Brüder.

2. Name sollte Frieden ausdrücken, aber verschlüsselt. →

   Absalom, hebr. aw schalom, heißt »Vater des Friedens«. Aber woher die 3 Nesseln?

In der Strikten Observanz trugen die Mitglieder lateinische

Ritternamen. Der Meister vom Stuhl der Absalom wurde »eques ab urtica«, »Ritter der Nessel«, genannt.

Es hat mich nun interessiert, herauszufinden, was hinter den Personennamen, die zu Taufpaten unserer Logen wurden, eigentlich steckt. Und so habe ich versucht, den Biographien dieser Personen etwas nachzugehen:

Lessing zu den 3 Ringen

1898 als 9. Wiener Grenzloge gegründet, die Arbeiten fanden in Pressburg statt. Im Dezember 1946 wieder ins Leben gerufen.

Kehren wir zurück zum Anfang, 1898. Was war das damals für eine Epoche? – Keineswegs die gute alte Zeit, keineswegs das, was uns die verlogene Habsburg-Nostalgie einzureden versucht.

Es war die Zeit der nationalen Zwietracht, sozialer Ungerechtigkeit, religiöser Unduldsamkeit und engstirnigen Rassenhasses. Die Wahl des Logen-Namens war ein Protest gegen diese Zeit, denn niemand geeigneteren konnte man finden als Gotthold Ephraim Lessing und den Bezug zur Ringparabel.

Wer war Lessing (1729–1781)?

Zu seinen Lebzeiten keineswegs der verehrte, bewunderte, als Genie gefeierte Dichter und Denker, wie wir ihn heute sehen. Im Gegenteil – er war ein armer Hund: Beruflich war er ein gescheiterter Dramaturg und ein pleite gegangener Buchhändler. Zur Deckung der ärgsten Schulden musste er seine Privatbibliothek verkaufen.

Wo hat er gelebt? Er bewohnte ein 5-Zimmer-Appartement im Schloss von Wolfenbüttel, wo er als Bibliothekar des Herzogs eine Anstellung hatte. Aber: Das Schloss war leer, die Residenz war nach Braunschweig ausgezogen, Lessing war jeglicher Geselligkeit und geistreicher sozialer Kontakte beraubt.

Persönlich kämpfte er gegen die Zensur und war in eine heftige Auseinandersetzung mit der Kirchenbehörde wegen der Veröffentlichung eines religionsphilosophischen Manuskriptes verwickelt. Es ist der Streit mit dem Hamburger Hauptpastor Goeze um die Frage, ob die Bibel unmittelbar die Verkündigung des Willens Gottes oder eine von Menschen verfasste Auslegung dieses Willens sei. Natürlich hat Lessing verloren, er wurde gemaßregelt, verleumdet, zensuriert und unterdrückt. Er hat im tagespolitischen, existenzbedrohenden Kampf resigniert und zwei Jahre vor seinem Tod den »Nathan« veröffentlicht.

In bis heute unerreichter Eindringlichkeit erläutert Lessing darin die zentralen Themen Toleranz, Suche nach den menschlichen Gemeinsamkeiten in den verschiedenen Erscheinungsformen der drei großen Offenbarungsreligionen. Er kämpfte gegen Ignoranz, Buchstabengelehrtheit und selbstgefälligen Glaubensdogmatismus.

Keine Begriffszuordnung trifft m. E. den Geist der Freimaurerei besser als der Hinweis »zu den 3 Ringen«, und so wurde diese Bauhütte auch genannt.

Pilgram

1979 mit großem Lärm von der Loge »Mozart« abgespalten, sogar der Meister vom Stuhl hat gedeckt.

Wer war Anton Pilgram?

Der Namensgeber für die Pilgrambrücke und die Pilgramgasse im 5. Wiener Gemeindebezirk war er nicht. Diese sind nach

Franz Anton Pilgram (1699–1761), einem Barockbaumeister, benannt.

Unser Anton Pilgram wurde zwischen 1450–1460 in Brünn geboren und starb 1515 in Wien. Er war Baumeister, Steinmetz und Bildhauer.

In den damaligen zeitgenössischen Schriften ist er stets nur »Meister Anton der Steinmetz«, benannt, der Zuname Pilgram taucht erst im 17. Jahrhundert auf. Allerdings gibt es noch sein Monogramm in der Inschrift unter dem Orgelfuß von St. Stephan aus 1513: M(eister) A(nton) P(ilgram).

In dieser steinernen Tribüne für eine Orgel hat er ein Selbstporträt eingebaut – in der linken Hand hält er ein Winkelmaß, in der rechten einen Zirkel, also die Zeichen des Baumeisters. Und damit bekam er gewaltige Schwierigkeiten: der Steinmetz Jörg Öchsel, der diesen Auftrag schon vorher erhalten hatte, legte sein Amt als Dombaumeister nieder und wurde durch Pilgram ersetzt. Da die Verdrängung eines Kollegen von einem Auftrag einen schweren Verstoß gegen die Statuten der Steinmetzbruderschaft darstellte, wurde Pilgram von dieser boykottiert, und die Bruderschaftskasse wurde ihm nicht zur Verwaltung übergeben. Der Streit dauerte zwei Jahre (1511–1513), dann wurde Pilgram von der niederösterreichischen Landesregierung als Vorsitzender der Bruderschaft bestätigt.

Sein zweites Werk in der Stephanskirche, die steinerne Kanzel mit dem Fenstergucker, stammt sehr wahrscheinlich gar nicht von ihm, sondern ist früher entstanden, bevor Pilgram in die Bauhütte von St. Stephan eintrat. Er hat vielleicht das Bauwerk vollendet oder nur sein Porträt, den Fenstergucker, eingefügt.

Gesichert ist, dass Anton Pilgram 1511 in die Bauhütte eingetreten ist. Er kam von auswärts, und daher hatte er die Schwierigkeiten des Zuwanderers. Die Wiener Dombauhütte war nach der Strassburger Bauhütte die bedeutendste und ist auch weit über

Wien hinaus tätig geworden: Kirche und Karner in Perchtoldsdorf, Deutschaltenburg, Wiener Neustadt, Tulln und Mödling, Westungarn und Steyr.

An der Spitze stand der Hüttenmeister, den der Parlier vertritt, dazu kamen Gesellen und Lehrlinge. Die Angehörigen der Hütte trugen eine besondere Tracht und lebten in einer Brüderschaft mit einem eigenen Ritual. Teile davon wurden nach der Auflösung der Bauhütten (1731) in die Bräuche der Freimaurerei übernommen.

Pythagors

1960 als Tochter der »Freundschaft« gegründet. Der Name ist alt, denn es gab eine Loge »Pythagoras« in der Zwischenkriegszeit (Wiener Neustadt).

Wer war Pythagoras?

Pythagoras von Samos lebte 570–480 v. Chr. Wir kennen ihn als Mathematiker, eigentlich war er ein in Ägypten ausgebildeter und eingeweihter Mystiker (»Die goldenen Verse des Pythagoras«), und er jonglierte gerne mit Zahlensymbolik. Die Zahl 3 spielt bei ihm eine zentrale Rolle. Er ging von der Annahme aus, dass die natürliche Welt durch mathematische und geometrische Strukturen bestimmt ist und daher mit Hilfe von Zahlen und Zahlenrelationen erklärt werden kann: »Alles ist Zahl.«

Der pythagoreische Lehrsatz stammt nicht von Pythagoras.

Pythagoras gründete in Unteritalien die religiös-politische Gemeinschaft der Pythagoreer (5. Jahrhundert v. Chr.). Drei Wege führen nach Pythagoras zur Vollendung:

1. Weg: Gutes tun, den Umgang mit den Göttern pflegen und

am Ende des irdischen Lebens sich mit ihnen vereinigen.

2. Weg: Reinigung von den Schlacken der Unwissenheit.

3. Weg: Vollendung in der Gottheit.

Wenn man für Gottheit den »allmächtigen Baumeister der Welten« setzt, für die Unwissenheitsbewältigung die »Arbeit am rauen Stein« und für das »Gutes-Tun« die »Humanität«, dann finden wir in diesen Aussagen die fundamentalsten Prinzipien der Freimaurerei.

Die Pythagoreer waren ein Initiationsorden mit drei Einweihungsgraden:

- Toleranz allen Völkern und Kulturen gegenüber,
- Läuterung des Geistes und Kenntnis der Zahlen,
- Vervollkommnung der Seele.

Der Bund der Pythagoreer suchte einen idealen Staat und eine vollkommene Gesellschaft durch die Erforschung des Kosmos nach weltlicher Harmonie.

Pythagoras ist der Erste gewesen, der das Wort Philosoph verwendet hat, vor ihm gebrauchte man das Wort Sophos.

Phoenix

1991 als Tochter der Loge »Wahrheit« gegründet. Ernst Stock ist fünf Tage vor der Lichteinbringung gestorben.

Wer war Phoenix?

Es handelt sich um ein mythisches Symbol im Komplex Unsterblichkeit und Auferstehung, Tod und Wiedergeburt. Der Name leitet sich her von phoinix pyros = rote Farbe des Feuers, im Zusammenhang mit seiner Auferstehung aus der reinigenden Flamme.

Ursprung ist der heilige Vogel Benn der Ägypter, ein Fischreiher, der sich als erstes Wesen auf dem aus dem Schlamm entstandenen Urhügel niedergelassen hatte. Er verkörperte den Sonnengott und wurde in Heliopolis verehrt. So wurde er zum Feuervogel. Es wurde erzählt, der Vogel fliege in fremde Länder und sammle wohlriechende Kräuter, die er auf dem Altar in Heliopolis aufhäufte, in Brand setzte und sich darin selbst zu Asche verbrenne. Nach drei Tagen entstehe er daraus zu neuem Leben. Damit war er ein Symbol:

- römisch – sich immer wieder erneuernde Lebenskraft des Imperiums (auf Münzen),
- Kirchenväter – Symbol der unsterblichen Seele und der Auferstehung Christi,
- Alchemie – Vernichtung und Neubildung der Materia prima auf dem Weg zum Stein der Weisen,
- Verjüngung.

PHOENIX ist irgendwie das Gegenstück des Pelikan (Opfertod, uneigennütziges Streben nach Läuterung; XVIII. Schottengrad. Die Symbolik des Pelikan ist eine falsche zoologische Beobachtung.)

Prometheus

1982 als Tochter der Loge »Zukunft« gegründet.

Wer war Prometheus?

PROMETHEUS ist eine Gestalt der griechischen Mythologie. Er gehört dem Geschlecht der Titanen an – Wesen zwischen Menschen und Göttern. PROMETHEUS bedeutet »der Vorausdenkende«, sein Bruder war Epimetheus, »der erst nachträglich Lernende«. Beide waren Brüder des Atlas.

Soweit die griechische Mythologie überhaupt verständlich ist, war die Sache so: Es ging um die Erschaffung der Menschen, der Männer. Dabei gab es ein großes Götterfest, wobei PROMETHEUS den Zeus bei der Essensverteilung, also am Büfett, betrogen hat. Der zornige Zeus vorenthielt daraufhin den Menschen das Feuer. PROMETHEUS jedoch stahl es und schenkte es den Menschen. Und jetzt kam die Rache des Zeus:

- Zuerst an den Menschen – den Männern: Ihnen schickte er ein wunderschönes, aber charakterlich mieses Mädchen, Pandora »die Gabenreiche, die alles schenkt«. Diese Pandora war auf jeden Fall einmal ein weibliches Wesen in der bislang männlichen Welt, und sie öffnete ein Gefäß und ließ damit alle Übel der Welt frei, auch den Tod. Somit kam die Frau in die Welt, und es erfolgte eine klare Trennung zwischen unsterblichen Göttern und sterblichen Menschen.

- Dann an PROMETHEUS: Dieser wurde an den Kaukasus geschmiedet, am Tag fraß ein Adler seine Leber, in der Nacht wuchs diese nach. Dies ging so lange, bis Herakles ihn befreite und den Adler tötete.

Helios

1995 aus der Loge »Universum« entstanden.

Die Symbolik der Johannis-Freimaurerei ist ein heliozentrisches System. Alles dreht sich um das Licht.

Wer war Helios?

HELIOS war in der griechischen Mythologie ein personifiziertes Naturereignis, nämlich der Sonnenaufgang, der Sonnenlauf während des Tages und der Sonnenuntergang. Daraus wurde der Licht- und Sonnengott, der jeden Tag mit feurigen Rossen über den Himmel fuhr. HELIOS war nicht Mitglied des Olymp.

Zwei Realien werden dem HELIOS zugeordnet:

- Rhodos: Als Zeus die Städte und Länder als Lehen an die Götter verteilte, wurde HELIOS vergessen. Er sagte: »Macht nichts, da taucht gerade eine Insel aus dem Meer, die möchte ich haben!« Die Insel war Rhodos. Irgendwie wurde Rhodos auch zur Wohnung des HELIOS, obwohl er nie zu Hause war – zum Sakraltopos, zum Hauptsitz des Heiligtums.

- Und so wurde dem HELIOS auch ein kolossales Denkmal im Hafen von Rhodos errichtet – der Kolossos, eines der Sieben Weltwunder des Altertums.

Wann begegnen wir dem Licht bzw. der Sonne auf unserem maurerischen Weg? Nun, am Anfang war die Finsternis, die dunkle Kammer, die verbundenen Augen. Aber schon die ersten Worte, welche der Meister vom Stuhl damals an uns gerichtet hat, enthielten folgende Sätze »Reisen sind ein Sinnbild des Lebens. Aus dunklen Anfängen führen sie zum Licht.« Und dann ging es Schlag auf Schlag. Erst das kleine Licht, dann das große Licht, bei jeder Arbeit wird die Bauhütte erleuchtet, die Funktion der Aufseher ist »den Weg zum Licht zu weisen« und »Stärke zu geben auf den Weg zum Licht«. Schließlich trägt der Meister vom

Stuhl gleich der Sonne das Licht aus dem Osten in die Loge, auf dem Altar befinden sich die großen Lichter, und das Gehen im Tempel folgt dem Sonnenlauf.

Licht ist das Symbol des Immateriellen und unsere Verbindung zur Transzendenz. Unsere Sehnsucht strebt nach dem inneren Licht, der Erleuchtung.

Hiram

1962 als Tochter der Loge »Zukunft« gegründet.

In den Büchern Chronik und Könige des Alten Testaments wird, wie schon eingangsbehandelt, der Tempelbau von König Salomo ausführlich geschildert. Dies ist das profane Vorbild unserer masonischen Bemühungen.

Der beim Bau des salomonischen Tempels an leitender Stelle arbeitende Künstler wurde in den hebräischen Texten mit verschiedenen Namen bezeichnet, welche vor allem unterschiedlich ausgesprochen wurden. Tatsache ist, als erster Buchstabe wurde immer ein »chet« geschrieben, alles andere ist eigentlich offen. Chiram oder Churam, aber auch Charum sind möglich.

Dazu kam noch an zwei Stellen ein Beiwort, nämlich einmal Hiram awi (aleph-bet-jod) und ein anderes Mal Hiram awiw (aleph-bet-jod-wet). Nirgends kommt die Namensgebung »abif« vor, diese wurde erst im Konstitutionsbuch von Anderson (1723) eingeführt und wird seither weitergeschleppt.

Nur ein Beispiel zur Kompliziertheit des Hebräischen: »awiw« mit einem »wet« am Schluss bedeutet »seines Vaters«, die Schreibweise mit »waw« am Schluss heißt »Frühling« (Tel Awiw = Hügel des Frühlings).

Was aber bedeutet der Name wirklich? Man ist sich einig, dass »Vater Hiram« bzw. »Meister Hiram« am wahrscheinlichsten ist.

Was war der Beruf Hirams?

Die Bibel-Texte sind weitgehend übereinstimmend: »einjähriger, kluger Mann, verständig, Arbeiten in Gold, Silber, Bronze, Eisen, Stein, Holz, Purpur, Byssus und Karmesin auszuführen, Gravierungen zu besorgen« und – jetzt kommt ein entscheidender Passus – »jeden Plan zu entwerfen, der ihm aufgetragen wird« (2 Chronik 2,13). Nirgends steht, er sei ein Baumeister gewesen. Nach den heutigen üblichen Berufsbezeichnungen könnte man ihn »Designer« nennen. Ein vollkommenes Bild steht nicht in den Quellen. Gerade das aber ist der Schlüssel zum Verständnis der Symbolfigur des HIRAM.

Mozart

1956 (im Mozartjahr) als Tochter der Gleichheit gegründet. Auch das ging mit einem großen Gewitter einher (Flucht aus der sturen, zu großen Gleichheit).

Der Logen-Name MOZART gehört mit Sicherheit zu den am häufigsten gewählten Namenspatronen auf der gesamten Welt. Alle meinen dabei Wolfgang Amadeus MOZART; ohne dies näher auszusprechen.

Das finde ich ungerecht, denn es gibt drei Freimaurer namens MOZART:

Natürlich dominiert Wolfgang Amadé alles. 1784 wurde er in die Loge »Wohltätigkeit« in Wien aufgenommen, er war 28 Jahre alt. Sieben Jahre sollte er Freimaurer bleiben. Es war die Blütezeit der Freimaurerei in Wien, aber sie war kurz. Das Freimaurerpatent von Joseph II., die inneren Streitigkeiten und schließlich der Regierungsantritt von Franz II. machten allem ein Ende.

1785, also ein halbes Jahr nach Wolfgang Amadé's Aufnahme, besuchte der Vater Leopold die Familie in Wien. Hier wurde Leopold Freimaurer, er war 66 Jahre alt. Aufgenommen in der »Wohltätigkeit«, befördert und erhoben in der »Wahren Eintracht«.

Ob er je eine Arbeit der Salzburger Loge »Zur Fürsicht« besucht hat, wissen wir nicht. In Wien blieb er Ehrenmitglied der »Wahren Eintracht«. Nach der josephinischen Logenreform hatte er es abgelehnt, der neu gegründeten Sammel-Loge »Zur neugekrönten Hoffnung« beizutreten. Sicherlich deshalb, weil alle Mitgliederlisten der Behörde vorgelegt werden mussten und somit leicht etwas nach Salzburg hätte durchdringen können.

Leopold MOZART starb 1787, vier Jahre vor seinem Sohn. Er wurde am Sebastiansfriedhof in Salzburg begraben, sein Nachlass öffentlich versteigert.

Und dann gab es noch einen dritten Bruder MOZART. Er kam vier Monate vor dem Tod seines berühmten Vaters in der Rauhensteingasse zur Welt und wurde Franz Xaver Wolfgang getauft. Später änderte die geschäftstüchtige Mutter den Namen in Wolfgang Amadeus MOZART Sohn. Dieser war zwar begabt, aber kein Genie. Nach Absolvierung des Schottengymnasiums ging er als Hauslehrer nach Galizien. 1819, mit 28 Jahren, wurde er in Warschau in die Loge »Zur Halle der Beständigkeit« aufgenommen. Er hat dies zeitlebens geheim gehalten.

1844 ist er, 53-jährig, während eines Kuraufenthaltes in Karlsbad gestorben.

Voltaire zur weißen Kugel

1997 aus der Loge »Bruderkette« hervorgegangen.

54 Tage gehörte VOLTAIRE (1894–1778) der Pariser Loge »Les Neuf Sœurs« an, er stand im 84. Lebensjahr. Bei seiner Aufnahme im Februar 1778 soll Benjamin FRANKLIN Zeremonienmeister gewesen sein. Die Rezeption war der einzige Logen-Besuch von

Voltaire: Das Zeremoniell und die hier gehaltenen Ansprachen hat Alois Blumauer im »Journal für Freimaurer« veröffentlicht.

Was war das Masonische an Voltaire?

Er war der Vorkämpfer einer ganzen Epoche, er war einer der wesentlichen Voraufklärer. Wenn man heute von Toleranz und Meinungsfreiheit, von Gerechtigkeit und Menschenwürde redet, so war es Voltaire, der diesen Gedanken in der Öffentlichkeit Gehör verschafft hat.

Er war es, der bei den Schauprozessen gegen die Hugenottenfamilien Calas und Sirvan eingegriffen hat. Er konnte zwar die Todesurteile nicht verhindern, aber wenigstens die Sippenhaftung. Schließlich kam es auch zur Rehabilitierung der Verurteilten. Wegen seiner Einmischung in Willkürpolitik und Willkürjustiz galt Voltaire bei seinen Zeitgenossen als der Unruhestifter par excellence. Aber dies war genau das, wessen die damalige Zeit bedurfte: nicht ein reines, ruhiges Licht hinter einem Schreibtisch, sondern ein flackerndes, Funken sprühendes Feuer. Und Voltaire verstand es zu formulieren. Vier Zitate:

- »Alle Dogmen sind lächerlich und unheilvoll, aller Zwang zum Dogma ist verabscheuenswert. Auf Befehl zu glauben ist widersinnig.«

- »Um hunderttausend Mann zum Krieg auszuschicken, dafür habt ihr Geld genug, aber nicht, um Zehntausenden Lebensunterhalt zu verschaffen.«

- »Fanatiker sind gefährlicher als Gauner. Einen Besessenen wird man nie belehren können, einen Schurken weit eher.«

- »Was ist die Tugend, mein Freund? Gutes tun. Tun wir es, das genügt.«

Hippokrates

1993 aus der Loge »Kosmos« hervorgegangen.

HIPPOKRATES wurde auf der Insel Kos um 460 v. Chr. geboren, gestorben ist er zu Larissa in Thessalien im Jahre 375 v. Chr. Er entstammte einer Ärztefamilie.

Zunächst sollten wir uns fragen: Was ist das Masonische an HIPPOKRATES?

Im Mittelpunkt der freimaurerischen Idee und unseres besonderen Auftrages steht der Mensch. Im Zentrum des ärztlichen Handelns und der diesbezüglichen Ethik-Norm befindet sich ebenfalls der Mensch. Und diese ärztliche Ethik ist immer noch am besten ausgedrückt im Eid des HIPPOKRATES. Um für die Nicht-Mediziner alles klarzustellen: Keiner von uns Ärzten hat den sogenannten Eid des HIPPOKRATES abgelegt, das ist seit mehr als 2000 Jahren nicht mehr üblich, nichts wird geschworen.

In der Brüderkette der Freimaurer stehen überdurchschnittlich viele Ärzte. Wir haben über 300 Ärzte in unseren Kolonnen, sie stellen mit 15 % die stärkste Berufsgruppe. Es geht dies sicher darauf zurück, dass es in der ethischen Auffassung zwischen Freimaurern und Ärzten viele Parallelen gibt.

Was nun den Eid betrifft, so wurde allgemein angenommen, dass der Schüler den Eid am Ende seiner Ausbildungszeit schwört und damit zum frischgebackenen Meister wird. Das scheint aber nicht richtig zu sein, der Eid ist wahrscheinlich ein Lehrlingseid gewesen, d. h. ein Gelöbnis, um in eine geschlossene Gesellschaft aufgenommen zu werden. Und das waren die Schule und die Familie des Ausbilders, des Meisters. Es ist also ein promissorischer Eid, ein Versprechenseid, ein Initiationseid:

Der Schüler verspricht »das Leben mit dem Meister zu teilen«. Am Ende der Lehrzeit verlässt aber der Schüler den Meister, er eröffnet eine eigene Praxis.

Der Schüler verspricht, künftige eigene Lehrlinge müssen einen »Eid« leisten und einen »Vertrag« unterschreiben – am Beginn der Lehrzeit.

»Schweigepflicht«: Während der Ausbildungszeit wird der Schüler in die Kunst eingeweiht, unvereidigt könnte er alles ausplaudern. Es war ja eine Lehrpraxis, die Schweigepflicht beginnt mit der Ausbildung (vergleiche unsere Famulatur).

Wenn etwas nach bestimmten Regeln zu beachten und zu vollziehen ist, so beschwört man dies doch vorher und nicht nachher.

Es gibt auch ein Zeugnis von außen: Kirchenvater HIERONYMUS (350–420) schrieb über HIPPOKRATES: »adiurat discipulos suos, antequam doceat«.

Quattuor Coronati

Die Forschungsloge wurde 1974 gegründet. Die Vier Gekrönten sind die Schutzpatrone der in Bauhütten organisierten Steinmetzen. Märtyrer unter Diokletian. Kirchl[icher] Feiertag am 8. November. Kein einheitliche Legende.

Ein anderer Schutzpatron der Steinmetzen war Johannes der Täufer (vor allem in Norddeutschland und England); [Feiertag am] 24. Juni. Es ist nicht immer genau zu unterscheiden, ob Johannes d. Täufer oder Johannes d. Evangelist gemeint ist.

Seit dem 6. Jahrhundert werden in der römischen Kirche »Santi Quattro Coronati« (»Zu den vier Gekrönten«) auf den Monte Celio vier Märtyrer verehrt. Der Ursprung des Kultes ist ungeklärt, es gibt lediglich eine Legende, und die besteht wiederum aus zwei Geschichten.

Vier Steinmetzen arbeiteten in Pannonien für Kaiser Diokletian: Claudius, Castorius, Simphorianus und Nicostratus. Der Kaiser verlangte von ihnen ein Standbild des Gottes Asklepius. Sie verweigerten mit der Begründung, dass sie einem Menschen kein Götterbild anfertigen wollten, und wurden daraufhin vom Kaiser als Christen zum Tod verurteilt und in der Donau ertränkt.

Diokletian befahl seinen Soldaten eine Opferfestivität für den Gott Asklepios. Dabei weigerten sich vier christliche Unteroffiziere, vier cornicularii, d. h. Träger einer hornförmigen Auszeichnung am Helm (Ehrenhorn). Sie wurden hingerichtet. Da ihre Namen nicht bekannt waren, ordnete irgendein Bischof an, dass ihr Todestag gemeinsam mit den Steinmetzmärtyrern am 8. November gefeiert werden solle. So kamen die Steinmetzen und die Soldaten in der Legende zusammen. Aus den cornicularii, den Gehörnten, wurden coronati, die Gekrönten, wobei an die Märtyrerkrone gedacht wurde.

In den alten Steinmetzurkunden der Spätgotik werden schon Schutzpatrone angesprochen. Es gibt vier Schutzheilige der Steinmetzverbände in Deutschland und Frankreich, während in England Johannes (Evangelist und/oder Täufer) verehrt wurde.

In die Freimaurerei kamen die vier Gekrönten durch die Gründung der Lodge Nr. 2076 in London (1886) – Quattuor Coronati, die freimaurerische Forschungsloge (nur 40 Mitglieder). Nach diesem englischen Vorbild gibt es in Deutschland und in Österreich Q.-C.-Forschungslogen: in Bayreuth und in Wien.

Paracelsus

Bereits im Juni 1944 wurde als erste österreichische Loge die 1931/33 aktiv gewesene Loge Paracelsus in Klagenfurt wiedererweckt. Die erste rituelle Arbeit fand allerdings erst im Oktober 1945 unter der Patronanz von britischen Besatzungsoffizieren statt. Die Logen-Gründung erfolgte durch Freimaurer, die von Wien nach Kärnten kamen. Die treibende Kraft war der Journalist Rudolf Cefarin.

Die Sache in Klagenfurt ging aber nach einiger Zeit nicht ganz gut. 1952 verlegte die Loge ihren Sitz nach Villach, unter Mitnahme des Namens PARACELSUS. In Klagenfurt erfolgte eine Neugründung: »3 Säulen im Süden«.

Kärnten war überhaupt sehr rege, mit der Zeit entstanden vier Logen in Klagenfurt: »3 Säulen im Süden« (1953), »Enzenberg« (1960), »Zur Wohltätigen Marianna« (1975), »Panta rhei« (1979) und eine Loge in Villach: PARACELSUS.

Warum Paracelsus?

Er war als Kind in Villach, später auf seiner medizinischen Wanderschaft mehrmals in Kärnten gewesen. Ein eigener Band der Werke des PARACELSUS heißt offiziell »Kärntner Schriften«.

Wer war Paracelsus?

Er lebte von 1493–1541, wurde also nur 48 Jahre alt. Sein Vater war der Armenarzt Wilhelm von HOHENHEIM, die Mutter eine Leibeigene des Klosters Einsiedeln. Sie hat Selbstmord begangen. Nach ihrem Tod zogen Vater und Sohn nach Villach, der Senior wurde Stadtarzt und Werksarzt im Bergwerk. Von Villach aus begann der junge PARACELSUS 1511 seine Studien, die ihn durch halb Europa führten. 1516 promovierte er zum Doktor beider Arzneien in Ferrara. Sicher ist jedenfalls, dass er von seiner Familie her nicht PARACELSUS genannt wurde. Wie es zu dieser Namensgebung kam, ist umstritten.

Seinen Beruf als Mediziner übte PARACELSUS als Wanderarzt aus, von Sizilien bis Litauen, von Lissabon bis in die Ukraine, er wurde zum lebenslang Suchenden.

1524 war er zu Besuch beim Vater in Villach, 1538 ein drittes Mal in Villach, von dort zog er nach Salzburg, wo er drei Jahre später starb.

Paracelsus war die erste eigenständige Persönlichkeit in der mitteleuropäischen Medizin, und er war vor allem lebenslang ein Zweifler und Suchender. Dies täte bis heute jedem Mediziner gut und rechtfertigt andererseits den masonischen Gebrauch des Namens Paracelsus für eine Bauhütte.

Enzenberg

1960 wurde diese Loge in Klagenfurt gegründet.

Die Namensgebung erfolgte nach Franz Josef Reichsgraf von Enzenberg (1747–1821), geboren in Innsbruck, Taufpaten waren das Kaiserpaar. Der junge Adelige besuchte das Jesuitengymnasium in Innsbruck, dann das Theresianum. Seine Lehrer waren die Freimaurer Michael Denis und Joseph von Sonnenfels. Der junge Mann entwickelte vielseitige geistige Interessen, er hatte Kontakt mit Goethe, Lessing, Johann Joachim Winckelmann und Born. Eigentlich wurde er Jurist. 1781 nach Klagenfurt versetzt, wurde er Vizepräsident und später Präsident des innerösterreichischen Appellations- und Kriminalgerichtes. Außerdem war er Obersthofmeister der Erzherzogin Maria Anna. Er betrieb eine rege Förderung des wirtschaftlichen und kulturellen Fortschrittes in Kärnten, sprichwörtlich wurde seine Wohltätigkeit. Die tätige Nächstenhilfe äußerte sich z. B. darin, dass er »Ablösescheine« anstatt der kostspieligen Neujahrsvisiten der Honoratioren vorschlug. Das eingesparte Geld ist der Armenhilfe zugute gekommen. Er war ein eifriger Publizist und schrieb unter dem Pseudonym »Gerbennez«.

Enzenberg diente vier Herrschern: Maria Theresia, Joseph II., Leopold II., Franz II.

Er war in Wien Mitglied der »Wahren Eintracht«, später der Loge »Zur Wahrheit«. 1797 besuchte er eine französische Loge während der Besetzung Kärntens im Franzosenkrieg. Wahrscheinlich war er auch Rosenkreuzer und Illuminat. ENZENBERG war ein Europäer, ein multikultureller Mensch. In Kärnten ging und geht es um das Verhältnis zwischen den Volksgruppen, um den Abbau von Feindseligkeiten und Emotionen, um eine Kultur des Zusammenlebens.

Daher ist die Erinnerung an Franz Josef Reichsgraf von ENZENBERG durch die Namensgebung einer Loge durchaus gerechtfertigt.

Zur wohltätigen Marianna

Die Loge wurde 1975 in Klagenfurt gegründet.

Namensgeberin war Erzherzogin Maria Anna (1738–1789), die älteste Tochter von Maria Theresia und Franz Stephan, Herzogpaar von Toscana. Maria Anna war schön, fröhlich und hochintelligent. Mit 19 Jahren machte sie eine schwere Lungenerkrankung durch, wobei innere Verwachsungen als Komplikation auftraten: Tuberkulose. Dies führte zu einer schiefen Haltung, danach zu einer Wirbelsäulenverkrümmung mit Buckel. Das war der große Knick in ihrem Leben. Dermaßen verunstaltet, war sie nicht mehr heiratsfähig.

Es begann eine Beschäftigung mit wissenschaftlichen und künstlerischen Dingen. Gemeinsam mit ihrem Vater legte sie eine Münzsammlung an, gemeinsam mit BORN eine Mineraliensammlung.

Nach dem Tode Maria Theresias wurden von Joseph II. zwei seiner Schwestern vom Wiener Hof abgeschoben: Maria Elisabeth, pockennarbig entstellt, ging als Äbtissin nach Innsbruck. Maria Anna, buckelig und zu gescheit, kam nach Klagenfurt (7000 Einwohner). Ihr Obersthofmeister Graf COLLOREDO weigerte sich, in das Provinznest zu übersiedeln. Obersthofmeister in der Klagenfurter Residenz wurde Graf ENZENBERG.

Es entstand ein kleiner Kreis hochgebildeter Menschen, zwar kein Weimar am Wörthersee, aber eine Miniaturausgabe davon. Die Ausgrabungen am Zollfeld wurden belebt, das landständische Theater aktiviert, das Spital der Elisabethinen ausgebaut und große Summen in die Infrastruktur Kärntens investiert – es entstand die »Wohltätige Marianna«.

1783 wurde in Klagenfurt die Loge »Zur Wohltätigen Marianna« gegründet. Dass dies ohne Wissen und ausdrückliche Billigung der Erzherzogin geschah, ist undenkbar. Zehn Jahre später musste jedoch die Freimaurerei in Kärnten in den Untergrund abtauchen. Weder Leopold noch Franz hatten für die mariannische Epoche ein Verständnis.

Es ist nur ein Akt der historischen Gerechtigkeit, dass in Kärnten wieder eine Bauhütte mit dem Namen »Zur Wohltätigen Marianna« arbeitet.

Erzherzog Johann

Die Logengründung erfolgte in Graz 1985. Steirische Logen:

1964: »Zu den vereinigten Herzen«, 1970: »Die Brücke«, 1985: »Erzherzog Johann«.

Erzherzog Johann (1782–1859) war das 10. Kind von Großherzog Leopold von Toscana (später Leopold II.). Sein Bruder war Franz II. (1768–1835), er war 14 Jahre älter.

Zwei Schweizer Lehrer begeisterten den jungen Erzherzog für die Schweizerische Eidgenossenschaft, die Johann dann auf die waffentragende und im Landtag vertretene Bürger- und Bauernschaft Tirols übertrug. Es war dies keine romantisierende Schwärmerei für Bergwelt und Bauernleben, sondern politische Überzeugung. Er wollte die Alpenländer zu einem Bund vereinen, das verhinderten der misstrauische Kaiser Franz und Metternich.

So wandte sich Johann der Steiermark zu. Er erwarb Land

(Brandhof am Seeberg), verlagerte seine Bibliothek und die naturwissenschaftliche Sammlung nach Graz und gründete das Johanneum, eine technisch-naturwissenschaftliche Lehranstalt. Mit der Postmeistertochter Anna Plochl bekam er einen Sohn, Franz, dieser begründete das Geschlecht der Grafen von Meran.

1848 war Erzherzog Johann als Reichsverweser der Frankfurter Nationalversammlung in der Paulskirche, d. h. er war das provisorische Staatsoberhaupt Deutschlands.

War Erzherzog Johann Freimaurer?

Anlässlich eines Besuches von zwei Frankfurter Logen hatte er erklärt, nicht Mitglied des Bundes zu sein. Er sympathisierte mit der Freimaurerei, doch gestatteten es die Zeitumstände und seine gesellschaftliche Position nicht.

Im Besitz der Grafen von Meran sind zwei Maurer-Schurze (jetzt Steirisches Landesmuseum Johanneum), wahrscheinlich ungarisch, frühes 19. Jahrhundert.

Johannes Kepler

In Linz wurde 1950 die Loge »Zu den 7 Weisen« gegründet, 1964 die Loge »Johannes Kepler«.

Irgendwie scheint es dort am Anfang mit der brüderlichen Freundschaft nicht geklappt zu haben. Denn in einer Festschrift anlässlich des 30-jährigen Jubiläums von »Johannes Kepler« steht zu lesen: Die wichtigste Entscheidung war der Beschluss bei der Linzer Bauhütte, ab 1973 das Johannis-Fest und die Trauerarbeit gemeinsam abzuhalten. Das war der Beginn des schrittweisen Austausches enger brüderlicher Kontakte zwischen den beiden Linzer Bauhütte.

Johannes Kepler (1571–1630) wurde in der Reichsstadt Weil (20 km westlich von Stuttgart) geboren, gestorben ist er in Regensburg. Er war im wahrsten Sinne von Geburt an ein Mathematiker. Er selbst hat berichtet, dass er ein 7-Monate-Kind gewesen sei, und diese sollten durch die Zahl 7 Glück bringen. Ferner hat er selbst notiert, die Schwangerschaft habe 224 Tage, 9 Stunden und 53 Minuten gedauert. Diese Angaben waren wichtig, denn er wurde später auch ein bedeutender Astrologe, seine Horoskope waren sehr geschätzt. Zunächst besuchte er jedoch die protestantische Theologenschule in Tübingen, denn er sollte Pastor werden. Von dieser Schule weg wurde er als Mathematiklehrer nach Graz berufen, dort gab es neben einer katholischen auch eine protestantische Schule. Nach sechs Jahren wurde er jedoch aus Graz vertrieben und ging nach Prag zu Tycho Brahe.

In Prag herrschte damals Rudolf II. Dort wurde Kepler kaiserlicher Hofmathematiker. Er gab die berühmten »Tabulae Rudolphineae« heraus, einen Sternenkatalog mit Tabellen zur Vorausberechnung von Planetenpositionen. Als Rudolf II. 1612 starb, ging Kepler als Landschaftsmathematiker nach Linz. Er hatte dort die Pflicht, jedes Jahr einen Kalender mit Horoskop zu erstellen. So erstellte er etwa 1628 ein Horoskop für Wallenstein, darin prophezeite er für 1634 ein »gewaltiges Ereignis«: am 25. Februar d. J. wurde Wallenstein ermordet.

Was war nun Keplers astronomische Lehre?

Die verschiedenen Positionen und Bewegungen der Planeten sind Ausdruck einer kosmischen Harmonie. Davon wird der Mensch zutiefst beeinflusst. Dies war der Brückenschlag zur Astrologie, von der Kepler jedoch erklärte: »Astrologie ist das närrische Töchterlein der Astronomie.«

Gesetze:

1. Planetenbahnen sind Ellipsen, in deren einem Brennpunkt die Sonne steht (das 1. Gesetz entdeckte er in Graz, die Publikation schickte er an Galilei).

2. Der Radiusvektor Sonne-Planet überstreicht in gleichen Zeiten gleiche Flächen.

3. Die Quadrate der Umlaufzeiten verhalten sich wie die dritten Potenzen der mittleren Entfernungen von der Sonne.

Johannes KEPLER suchte in den Gesetzen der Astronomie Hilfestellungen, um die Harmonie der Welt erklären und verstehen zu können. Er blieb zeitlebens dabei, eine Beeinflussung der Menschen durch Planetenpositionen und Planetenbahnen anzunehmen. Er war ein Suchender, allerdings, wie wir heute wissen, auf einer falschen Bahn.

Tamino

Die Logengründung in Salzburg erfolgte 1967. Die Namensgebung war kurios, es kam zu einer Abstimmung der neun Gründungsmitglieder. Zur Auswahl standen:

- »Fürsicht-Mozartstadt Salzburg«
- »Tamino«

Die Abstimmung endete 5:4 für Tamino. 1783 gab es in Salzburg eine Loge »Zur Fürsicht«, d. h. fürsorgende Voraussicht.

Wer war Tamino?

Der Suchende in der Zauberflöte, der einem Einweihungsritual unterzogen wird.

Das Libretto der Zauberflöte stammt von SCHIKANEDER[5] und GIESEKE[6]. Beide waren Freimaurer. Wie weit MOZART Einfluss genommen hat, ist nicht überliefert. Der Text ist ein Zaubermärchen mit freimaurerischen Anspielungen. Es ist eine literarische Gebrauchsware, die unter Zeitdruck hingeschrieben wurde; berühmt geworden ist das Stück nur durch die geniale Musik.

Woher stammt der Inhalt der Zauberflöte?

1. Akt: Wielands Märchensammlung »Dschinistan«, speziell »Lulu oder die Zauberflöte«.

2. Akt: Roman Sethos, eine Geschichte aus dem alten Ägypten von Jean Terrasson (ein Bestseller der damaligen Zeit).

Weiteren Einfluss hatte sicher das 1. Baustück der »Wahren Eintracht«, die Rede BORNS »Über die Mysterien der Ägypter«.

Das alles wurde durcheinander gemischt und entsprechend dem Geschmack der damaligen Zeit nach volkstümlicher Unterhaltung aufbereitet. Alles, was geheimnisvoll und mit diffiziler Symbolik in die Zauberflöte hineininterpretiert wird, ist ja ganz schön, aber ob das von den Autoren auch wirklich so gewollt war, ist höchst zweifelhaft.

Sarastro

Gegründet in Wien 1969. Englischer Ritus.

---

[5]Emanuel SCHIKANEDER (1751–1812), Leiter des Freihaustheaters auf der Wieden

[6]Karl Ludwig GIESEKE (1761–1833), richtig: Johann Georg METZLER: Mineraloge, Schauspieler, Übersetzer der Libretti von Da Ponte. Professor der Mineralogie in Dublin

Wer war Sarastro?

In der etwas verworrenen Handlung der Zauberflöte ist SARASTRO zunächst scheinbar der Böse, der Kindesräuber, dann aber der große Gute, der große Lenker, der große Verzeihende: nach dem geplanten Mordanschlag der Pamina »In diesen heil'gen Hallen …«.

Entsprechend den ursprünglichen Anweisungen trägt SARASTRO in den meisten Inszenierungen den »flammenden Stern« auf dem Brustschild.

MOZART war ein Sprachspieler:

Er selbst nannte sich manchmal Trazom bzw. Romatz. Zarathustra/Zoroaster (Soroaster) – SARASTRO.

Zarathustra war eine beliebte exotisch-mythisch-orientalische Figur. Ein Flugblatt, das MOZART eigenhändig verteilte, trug den Titel »Fragmente Soroasters«.

Querverbindung zu den Illuminaten: Illuminat – tanimu(lli) = Tamino.

Die Illuminaten waren der linke Flügel der Spätaufklärung.

Häufig wird behauptet, dass das reale Vorbild für die Figur des SARASTRO Ignaz von BORN gewesen sei. BORN starb im Juli 1791, die Uraufführung der Zauberflöte war am 30. September 1791.

Jakob Prandtauer

Logengründung 1989 in St. Pölten. Eigentlich sollte die Loge »Sokrates« heißen.

33 Gründungsmitglieder, davon nur drei aus St. Pölten. Tochter der »Gleichheit«. Früher nie eine Loge in St. Pölten, allerdings war um 1780 »St. Pölten« der Deckname für eine Großkomturei der Strikten Observanz.

Wer war Jakob Prandtauer?

Jakob Prandtauer (1660–1726) wurde in Stanz in Tirol geboren, gestorben ist er in St. Pölten. Neben Bernhard Fischer von Erlach und Lukas von Hildebrandt (die Baumeister des Adels und des Hofes) war Prandtauer der bedeutendste Barockbaumeister Österreichs. Er wurde der bevorzugte Architekt des Prälatenstandes, der typische Klosterarchitekt des österreichischen Barock. Profane Aufträge blieben ihm versagt.

Sein Hauptwerk ist das Stift Melk (30 Jahre Bauzeit), aber auch St. Florian, Kremsmünster, Herzogenburg, Dürnstein, Sonntagberg zählen zu seinen Arbeiten. In St. Pölten selbst hat er nur eine Kirche (Karmeliterinnen) und ein Fragment (Bischofstor) geschaffen.

Der namhafte St. Pöltner Geschichtsschreiber Josef Schwerdtfeger hat einmal gesagt: »Wenn einer ein Denkmal in St. Pölten verdient hätte, so wäre es dieser Gigant!«

1926 (200. Todestag) wurde der Plan zu einem Denkmal gefasst, um 1985 ist eines errichtet worden.

Rudolf II.

Der Frieden in der Loge »Jakob Prandtauer« dauerte nicht einmal neun Jahre. 1998 wurde eine 2. Loge in St. Pölten gegründet: »Rudolf II.«.

Es waren 14 Gründungsmitglieder, d. h. die Loge »Jakob Prandtauer« wurde halbiert. Der Gründungs-Meister der »Jakob Prandtauer« war auch der Gründungs-Meister der »Rudolf II.«

Wer war Rudolf II.?

Er lebte von 1552 bis 1612, seit 1576 Kaiser als Sohn von Maximilian II., Residenz und Reichsverwaltung verlegte er nach Prag. Rudolf II. war eine der sonderbarsten Figuren aus dem Clan der Habsburger.

Er war nie verheiratet, hatte allerdings sechs Kinder mit der Italienerin Katharina Strada.

Er konnte sich zwischen Katholizismus und Protestantismus nicht entscheiden und verdarb sich die Sympathien beider Seiten. Er war schwankend und schwächlich in seinen Versuchen zu regieren.

Er litt an einem manisch-depressiven Irresein und unternahm den einzigen bekannt gewordenen Selbstmordversuch (Degen) eines habsburgischen Kaisers.

Er wurde 59 Jahre alt und starb laut offizieller Version an Wassersucht; inoffizielle Berichte sprechen von Delirium tremens.

Der bekannte »Bruderzwist in Habsburg« war ein beinharter weltlicher und geistlicher Machtkampf von zwei Halbirren (Rudolf, Matthias), inszeniert von Melchior Khlesl, der damit zum heimlichen Regenten wurde. Khlesl war der Metternich der damaligen Zeit.

Der Bruderzwist wurde mit ungleichen Waffen geführt. Rudolf war ein okkultistischer Spinner in Prag, Matthias wollte an die Macht, war aber nur mäßig begabt. Der Stratege Khlesl nützte die Gelegenheit und wurde eindeutig der Gewinner.

Rudolf war, wie erwähnt, unverheiratet, Matthias heiratete mit 54 Jahren, die Ehe blieb kinderlos. Seine Frau hat allerdings die Kapuzinergruft gegründet.

Rudolf II. war Sammler und Mäzen, Förderer der Wissenschaft und des Okkultismus, fasziniert von Alchemie und Kabbala. Die Gründer der Loge bezeichnen ihn als herausragende österreichische Herrschergestalt, als verehrungswürdigen und symbolträchtigen Genius.

Aus den Freimaurer-Tagebüchern

Rezeption → Kosmos, 5. März 1988

Bürge: Br:. […]
Konversation Speisesaal
Schwarze Kammer – einführender Meister → […]
– Fragen zu beantworten
– schrecklicher Geselle
Wanderung (3 ×) mit verbundenen Augen
Belehrung
Freundschaftliche und herzliche Aufnahme
Festliche Tafel
Neophyten: […]
[…]
Hans Bankl[7]
Die Arbeit an sich selbst hilft zur Vervollkommnung.
Die Arbeit an anderen Menschen.
Die Ruhe des Menschen ist die Ruhe des Organismus.

---

[7] Aufnahmezeremonie: vgl. Glossar

(1) Meine Brüder, Lehrlinge u. Meister, erkennen mich dafür.

(2) Zeichen, Wort und Griff (und der Wiederholung d. besonderen Umstände meiner Aufnahme):

Handgriff: Daumen 2 x kurz, 1x lang

Wort: Tubalkain (Tubalkain war der erste Schmied, der Werkzeuge geschaffen hat, um die Steine zu bearbeiten.[8])

Die Säule: I...A...K...I...N (Säule im Vorhof des salomonischen Tempels.[9])

Ein freier Mann von gutem Ruf[10]

Bislang keine selbstständige Eintrittserlaubnis.

Die Loge ist gedeckt, wenn völlige Sicherheit gegeben ist. Wenn Fremde zugegen sind und Vorsicht geboten ist: »es regnet!«.

Wenn die Loge eröffnet wird – Hochmittag / Hoch am Tage. Wenn die Loge geschlossen wird – Hochmitternacht.

Eine Loge ist »gerecht« nach ihrer Einsetzung und »vollkommen« nach ihrer Einrichtung.

9/3/88

An »Quattuor Coronati«

Angebot: selbst historisch interessiert

Eidesformel von Rokitansky

---

[8]»Tubalkain«: Passwort bei der Aufnahmezeremonie in der Loge

[9]Jakin (Jachin) und Boas, meist bezeichnet mit J. und B., sind die zwei Säulen vor der Halle des salomonischen Tempels.

[10]»Freier Mann von gutem Ruf«: Gemäß den Allgemeinen Anordnungen des Großmeisters George Payne durften weder Knechte noch Tagelöhner, noch Gesellen oder Lehrlinge in eine Loge aufgenommen werden. Die Kandidaten mussten freie Männer sein und über einen unbescholtenen Ruf verfügen.

Sie werden einen Eid zu Gott dem Allmächtigen schwören und bey ihrer Ehre und Treue geloben, daß sie den allerdurchlauchtigst großmächtigsten Fürsten und Herrn, Herrn Franz dem I, erblichen Kaiser von Österreich als ihren rechtmäßigen Erblandesfürsten und Herren, und nach demselben den aus Dero Geblüt und Geschlecht nachkommenden Erben, dann der NOe. Landesregierung treu und gewärtig seyn, den Anordnungen derselben und des kk. Direktorats und Vizedirektorats der medizinisch-chirurgischen Studien in allem und jedem, was die Verwaltung ihres Amtes betrifft, Folgsamkeit bezeugen; Ihre Amtspflichten als pathologischer Prosektor mit möglichster Sorgfalt, Treue und allem Fleiße erfüllen, ihre Amtsinstrukzion gewissenhaft befolgen: insbesondere aber genaue Aufsicht über das, vermöge ihrer Dienstleistung, ihnen anvertraute anatomisch-pathologische Museum im kk. allgemeinen Krankenhaus führen und dessen Ordnung, Erhaltung und Erweiterung mit gewissenhafter Treue besorgen, überhaupt aber sich von der pünktlichen Erfüllung ihrer Pflichten unter strenger Beobachtung der ihnen allenfalls anvertraut werdenden Amtsgeheimnisse, weder durch Gunst, Freud- oder Feindschaft, am wenigsten aber durch Geschenke abwendig machen lassen wollen. Endlich werden sie auch schwören, daß sie mit keiner geheimen Gesellschaft oder Verbrüderung weder in dem Inn- noch im Auslande dermahlen verflochten sind, noch künftig sich in dergleichen geheime Verbindungen unter was immer für einen Vorwande einlassen werden.
Alles das, was mir jetzt vorgelesen worden ist, und ich in Allem wohl und deutlich verstanden habe, demselben soll und will ich treu und fleißig nachkommen: So wahr mir Gott helfe!
Wien am 5. Februar 1834.
Dr. Rokitansky
Prosektor u. Custos
des path. Museums.

21/3/88

Zusammenkunft mit […] → […])
Privatinstruktion durch Br:. […]
Deputierter Meister […]
Br:. […]: »Wir bleiben Suchende«
Angeregte Diskussion, eigener Beitrag: »Wir werden auf einen Weg gestellt und haben ein Ziel vor Augen; wir können und sollen es aber nicht erreichen – sonst wäre jede Aufgabe beendet.«
Suchende auf der Tafel: […] , […]
Plan f. Werkstück »Befund und Diagnose« → in Aussicht gestellt für Herbst.

Arbeite an Dir selbst, versuche, Dich in die Gemeinschaft einzuordnen.

11/4/88

Br:. […] »Aus der Sicht der Nachkriegsgeneration«: Wir können und sollen uns nicht in Schuldgefühlen zerfleischen. Diskussion der geschichtl. Gedankenexeperimente
Br:. […] (Vater und Sohn)
Kugelung[11] […]

18/4/88

Br:. […]: »Ärzte im 3. Reich«.
Diskussionsbeitrag als »Co-Referat«
Einzug i. d. Tempel:

- 1. Zeichen zum M.v.St.,
- 2. Zeichen nach re[chts],

[11] Kugelung: vgl. Glossar

- 3. Zeichen nach li[nks],
- Zwei kurze und ein langer Schritt.

[...] Die Loge ist gerecht nach ihrer Einsetzung und vollkommen nach ihrer Einrichtung. Auf Säulen brennende Lichter[12] an 3 Ecken des Teppichs[13] → kleine Lichter: Weisheit, Schönheit, Stärke. Weisheit, um den Bau zu leiten, Stärke ihn auszuführen, und Schönheit, ihn zu schmücken.

»Weisheit leite den Bau (Salomo); Stärke führe ihn aus (Hiram); Schönheit schmücke ihn (Hiram Abiff).« Große Lichter: Bibel, Winkelmaß und Zirkel (Pflichten gegenüber Gott, seinem Nächsten und sich selbst.)

[...] Die unbeweglichen Kleinodien:
Reißbrett
rauer Stein
behauener Stein

Am Reißbrett steht der Meister und festigt seine Entwürfe. Am rauen Stein arbeitet der Lehrling. Am behauenen Stein soll sich der Geselle darnach richten

Die beweglichen Kleinodien:
Winkelmaß
Wasserwaage
Senkblei

Winkelmaß: Symbol der strengen Gerechtigkeit im Verhalten d. Menschen, Wasserwaage: Symbol der Gleicheit aller Menschen, Senkblei: Symbol des Forschens nach der Wahrheit

---

[12] Licht: Symbol der Erkenntnis und Weisheit

[13] Logenteppich, der in der Mitte des Tempels ausgebreitet liegt

Die frm. Grundgesetze verlangen die Anerkennung eines ordnenden Prinzips im Weltganzen, das symbolisch bezeichnet wird: A. B. a. W. Ob man sich einen persönlichen Gott, den Weltgeist Spinozas oder ein gesetzmäßiges Weltgeschehen vorstellen will, bleibt jedem selbst überlassen.

Loge=Bauhütte. Die Loge ist eine kultische Gemeinschaft, die eine Idee in einer besonderen Ausdrucksform pflegt. Weihehandlung zur stetigen Erneuerung des Bundes.

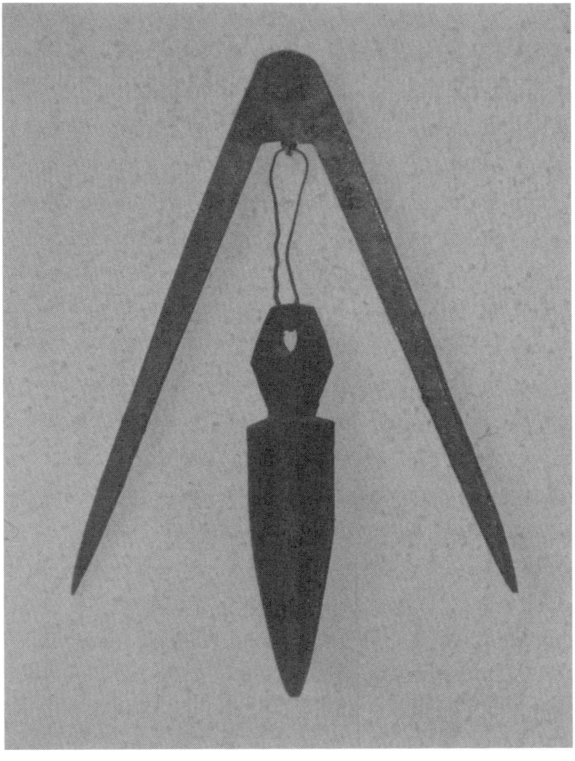

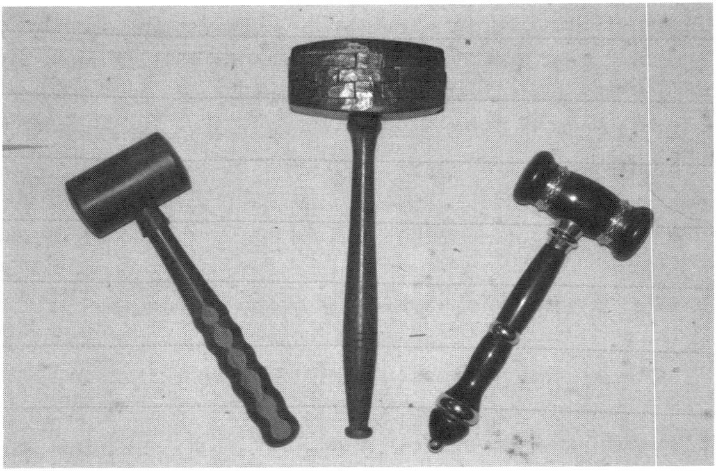

Meister vom Stuhl: Hammergewalt. Er weiht den Suchenden, er ist Hüter des Rituals, er leitet den Bau, er setzt die Tagesordnung fest, er ist in eröffneter Loge unangreifbar. Der M.v.St. ist der Loge verantwortlich und kann jederzeit zur Rechenschaft gezogen werden.

Die Loge verlangt freiwillige Unterordnung unter die Gesetze, die Mehrheitsbeschlüsse und die Hammergewalt.

Die Johannismaurerei mit ihren drei Graden trägt das Bijou am blauen Band: Blaue Maurerei (schottisches Hochgradsystem nach der Bandfarbe: Rote Loge).

Mögen auch die Ritualien an Profane verraten werden, was man nicht verraten kann, das ist das Erleben der Handlungen. Das Wesen der FM kann nicht gelehrt und mitgeteilt werden, es kann nur erlebt werden.

Die Vorgeschichte des FM-Bundes ist ungeklärt und mehrdeutig: Die Mehrdeutigkeit [erscheint] als Fehler (geheimnisvoll, missverständig, verdächtig) und als Vorzug (unbegrenzte und unzerstörbare geistige Beweglichkeit und Wirkungsdauer).

In den Wirren des 17. Jdt. – vor allem in England – sehnten sich die Besten nach einem Ort des Friedens → Loge. Für die Arbeit in den alten Logen lassen sich 2 geistige Voraussetzungen nachweisen:

Zeitgeist der Aufklärung (rationalistische, jede Metaphysik bekämpfende Haltung)

Restbestände aller Mysterienbünde (ausgehend von metaphysischen Anschauungen).

Aus diesem Spannungsfeld zwischen den Gegensätzen resultieren viele Missverständnisse.

[…] Bei der FM wird der Versuch gemacht, 2 Dinge, die auf den ersten Blick nichts miteinander zu tun haben, zur Harmonie zu bringen: Rationales und Irrationales, überlieferte, bewahrte Geheimnisse und unerklärbare, nur erlebbare Bindungen an eine Gemeinschaft und darüber hinaus an das Gebäude der Welt (ethisch-praktische Forderungen; geheimnisvolle Weihehandlungen).

Die Organisationsform der Wertegemeinschaft ist nur die Hülle, das Handwerkszeug dient dazu, um Menschen verschiedener Konfessionen, Rassen und Staaten zusammenzuführen → Bemühung um eine utopische Verständigung aller Menschen. Diese Verständigung ist eine »Kunst«, sicherlich die höchste und schwerste Kunst → »Königliche Kunst«.

Die Kunst der Humanität, die Kunst der harmonischen Lebensführung. »Kunst« verlangt das freie Walten bei eigener schöpferischer Fantasie. (Durch Weisung oder äußere Notwendigkeit entsteht bestenfalls ein Kunststück.)

Schlichtheit und Unklarheit sind Stichworte für die Anfänge der FM. Eine Wertegenossenschaft, die auch Angehörige anderer Berufsgruppen als Mitglieder aufnahm; ein Mysterienbund, der sich des Handwerkszeugs des Baugewerbes als symbolisches Gerät bedient; dunkle Zunftlegenden und nüchterne Lebensregeln; eine Abwendung von der Offenbarungsreligion und das Bekenntnis zu »der Religion, in der alle Menschen übereinstimmen« (ethisch-praktische Forderungen, geheimnisvolle Weihehandlungen).

1738 Bulle v. Clemens XII »in eminenti apostolatus specula«: »Verdammung der Gesellschaft oder der heimlichen Zusammenkünfte, Freimaurer genannt, unter Strafe des mit der Tat sofort eintretenden Bannes, von dem die Lossprechung, das Sterbebett ausgenommen, dem höchsten Oberhaupt der Kirche vorbehalten bleibt.«

1751 Bulle v. Benedikt XIV »Providas«: »unter den höchst wichtigen Ursachen der Verbietung und Verdammung ist die erste, dass in dergleichen Gesellschaften u. Zusammenkünften Menschen jeder Religion u. Sekte miteinander verbunden werden, woraus genugsam erhellt, welcher große Nachteil der Heiligkeit der Katholischen Kirche dadurch erwachsen könne;« usw.

Am 17. August 1935 wurde in Deutschland die letzte FM-Loge von der SS geschlossen.

FM-Kartei im Hauptamt des Sicherheitsdienstes, diese Kartei wurde von Adolf Eichmann geführt.

> »Die mr. Bruderschaft vom Vergissmeinnicht
>
> Kurz nach 1934 wurde offenkundig, dass sich die KK in Deutschland in großer Gefahr befand. Deutschland hatte vor dem Krieg GLL auch in anderen Ländern, ei-

ne davon in Beirut (Libanon). In der Erkenntnis, dass ernste Gefahr drohte, und im Bewusstsein, dass die traditionellen Winkel und Zirkel ihre Mitglieder gefährdeten, wurde die Schaffung einer Anstecknadel beschlossen, die als quasi-mr. Emblem ein blaues Vergissmeinnicht zeigte. Diese Nadel war besonders in Deutschland weit verbreitet, später aber auch in Ländern, die von der deutschen Kriegsmaschine überrollt worden waren.

Die Nazis enteigneten den L-Besitz, und die MEI ging in den Untergrund. Es war wichtig, dass die Brr. ein Erkennungszeichen erhielten, das ihre Gegner nicht kannten. Diesem Zweck diente diese kleine Blaue-Blumen-Nadel.

Während der ganzen Nazizeit kennzeichnete diese kleine blaue Nadel die Brr. ... In den Städten, in den KZ, wo immer Menschen lebten, waren sie durch dieses Emblem gekennzeichnet als diejenigen, die Mitglieder der Bruderschaft waren, die stolz anzeigten, dass die KK nicht untergehen werde.

1947, als die GL ›Zur Sonne‹ im Or. Beirut wiedererstand, und 1 Jahr danach in Deutschland wurde diese Nadel als offizielles Ehrenabzeichen für diejenigen mutigen Männer beibehalten, die die bitteren Jahre der Dunkelheit überlebt hatten ...«

[Aus:] Acacia GL of Puerto Rico, 2/1993 (gek.)

25/4/88

Br. [...]: »Österreichischer Widerstand 1938–1945«: Die Widerstandsbewegung war in der politischen Durchführung schlecht organisiert und ineffektiv. Vgl. mit Maos Strategie des Guerillakrieges, dies ist in Mitteleuropa und gegen die Massenbewegung Nationalsozialismus unmöglich.

* * *

Das Geheimnis der FM ist nicht mitteilbar, die »Heimlichkeiten« beziehen sich auf Ritual und Symbolik. (Hier liegen die Hauptursachen für die Missverständnisse: Die Symbole werden von Außenstehenden wörtlich verstanden, das Ritual verstärkt den Verdacht, dass die FM in die Nähe der Magie gerät. Dem Profanen, der gewisse Sinnzusammenhänge erfahren hat, bleibt der Sinnzusammenhang verborgen.)

Erste Verräterschrift: Samuel Prichard, »Die zergliederte Freimaurerei«.

Das aus den englischen Logen überlieferte Ritual wurde vom Schauspieldirektor Ludwig Schröder gemeinsam mit Johann Gottfried Herder neu formuliert (1801).

Das Ritual ist ein Wesensbestandteil der FM, es soll die Brüder durch die Wirkung der schönen Form dem Alltag entziehen. Es soll eine betont andere Gesamtstimmung erzeugt werden, daher wird das Ritual mit Musik begleitet, jener am meisten allem Rationalen entzogenen Kunst. Das Ritual hat nichts mit Logik, Intellekt und Gedankenakrobatik zu tun, es erhebt den Menschen aus der profanen Welt und verkörpert die Sehnsucht nach Harmonie, Frieden und dem Paradies. Das Ritual schließt sich nur demjenigen auf, der bereit ist, es zu erleben. Vom Ritual geht eine Weisheit der Wirkung aus, nicht eine Weisheit der Worte. Einheit des Rituals, nicht rituelle Einzelheiten.

Das Ritual zielt ab auf Weisheit, Stärke und Schönheit. In der Sprache der Wissenschaft: Erkenntnistheorie, Pädagogik, Ästhetik.

Das Ritual regt Fragen an. Die Antworten dürfen mit gutem

Grund »ein Geheimnis« genannt werden – das Geheimnis jedes Einzelnen.

Amulette, Gemeinschaftserlebnis, Kosmische Verbundenheit, Zusammenhänge zw. Geburt, Leben und Tod, Harmonie, ununterbrochene Frage nach Erkenntnis, nach Wahrheit, nach dem Sinn, nach einem A. B. a. W., nach einem undogmatisch verstandenen Gott.

Aus der Gesinnungsgemeinschaft wird durch Ritual und Symbolik die Erlebnisgemeinschaft. Der FM-Bund ist eine Gesinnungs- und Erlebnisgemeinschaft. Wer sich der FM anschließt, muss die Gesinnung bereits besitzen. Ein »Suchender« kann nur werden, wer bereits gefunden hat.

* * *

In Österreich entstanden seit 1742 zahlreiche Logen. Am 11. Dez. 1785 verfügte Joseph II. die Restriktion der Logen auf 2 bis 3 pro Provinzhauptstadt mit beschränkter Mitgliederzahl.

1801 stellten die restlichen Logen die Arbeit ein.

1870/71 wurden in Ungarn (Ödenburg und Neudörfl) Logen eröffnet, wo österr. Brüder rituell arbeiten konnten.

1918 wurde die »Großloge von Österreich« gegründet (und von 1938–1945 verboten).

Zahlreiche bedeutende Persönlichkeiten waren Freimaurer: Beaumarchais, Churchill, Alexander Fleming, Herder, Victor Hugo, Lessing, Franz Liszt, H. S. Truman, Kurt Tucholsky, George Washington, Benjamin Franklin, Garibaldi, Goethe, Haydn, Mozart, Puschkin, F. D. Roosevelt, Stresemann, Ch. M. Wieland.

9/5/1988

Dep[utierter]. M. v. St.: [...]

[...]: »Warum nennen wir uns Freimaurer?« Gedanken über die Symbolik im Allgemeinen. Sehr schlechter Besuch – der Vortrag war matt.

20/6/88

MvSt. Br:. [...]

Selbstzeichnung – großer Erfolg, sogar Diskussion:

9. April 1940, vor 48 J[ahren], im KH St. Pölten[14] nicht geboren, sondern durch einen chirurgisch-gynäkolog. Eingriff gewaltsam zur Welt gebracht. Erster solcher Eingriff bei neu ernanntem Gynäkologen in dem damaligen Provinzkrankenhaus. 18 Std. kopfüber im kl[einen] Becken → noch Monate danach einen blauen Ring am Schädel. Verwechslung ausgeschlossen!

Aber das war noch lange nicht alles: Keine pränatale Geschlechtsbestimmung – meine Eltern hatten beschlossen, dass ich ein Mädchen wäre und hätte den Vornamen Eleonore zu bekommen: diesbezügl[iches] Taufbesteck war bereits EB monogrammiert.

Knabe, was macht man mit dem Buchstaben E, B wäre ev[entuell] gegangen, es wurde versucht, aus E ein H, einen Hans, zu machen → Fensterkreuz mit Rahmen.

Übrigens, meine Eltern:

Vater: Primararzt u. Internist in St. Pölten, abstammend teilw. aus dem Rheinland, teilw. aus Baden.

Mutter: Verkäuferin, niederösterr. bäuerl. Vorfahren.

Die niederen Schulen absolvierte ich in St. Pölten, [dann] hu-

---

[14] Landeskrankenhaus St. Pölten in Niederösterreich

manistisches Gymnasium mit Griechisch. Die höheren Schulen [besuchte ich] in Wien – Medizin[studium] aus Protest.

Auch über das Spezialfach war ich mir ziemlich früh klar – Sinnesphysiologie. Mein erster Taufpate war Ordinarius d. Faches, sonst kannte ich nichts.

1. Taufpate: Vater protestantisch, Mutter o[hne] B[ekenntnis], das Kind sollte aber doch getauft werden, also evangelisch. Eltern nur standesamtlich [verheiratet].

2. Taufpate: In dem Landstädtchen St. Pölten, das man sich vorstellen muss wie Tarnopol oder Trembowla in [Niederösterreich], war es nicht günstig, allzu auffällig zu sein, also wurde anlässlich meines Schuleintrittes ein 3-faches Fest gefeiert: Mutter wurde katholisch, das Kind wurde zum 2. Mal getauft, Eltern haben kirchlich geheiratet.

Nach leidlich absolviertem Medizinstudium, Wahl: Path. Anatomie [oder] Gerichtsmedizin.

Münzwurf!

So wurde ich Pathologe u. mit 31 Jahren der damals jüngste Dozent der Fakultät und mit 41 als Alterserscheinung mit dem Titel eines a. o. Univ.-Prof. versehen.

Und in die Pathologie spielte wieder Familiäres hinein: Großvater mütterlicherseits Fleischhauergeselle – Prosekturgehilfe in einem Kriegsspital (1. WK) → wollte umsatteln → Sepsis, .

[Der] Name Bankl [stammt von] Bankler, vaszierende Schlächter und Fleischbeschauer.

12 Jahre [Arbeit] am Wiener Univ.-Institut, spezielle Beschäftigung mit angeb[orenen] Herzfehlern (Innitzerpreis), aber auch z. B. Sandkisten.

Seit 1977 Pathologe im KH St. Pölten, aber auch mit den Agenden eines Gerichtsmediziners.

Über 100 medizinische Artikel, mehrere Bücher → eines davon wurde ins Russische übersetzt. Jetzt, auf dem Lande, komme ich meinem Hobby [nach], Medizingeschichte zu betreiben und mich den Schönen Künsten zuzuwenden – ich unterrichte an der Akademie am Schillerplatz[15] u. an der Hochschule für Angewandte Kunst.

Da ich es aber nicht besser konnte, auch hin und wieder seriöse Wissenschaft zu betreiben, läuft dzt. eine bereits teilv[eröffentlichte] Studie über Caesium in menschl. Organen (Anstieg bis auf 4 n Ci/kg – Grenzwerte d. Schweinefleisches).

Außerdem bin ich seit langem Sammler von KG [Krankengeschichten] und Obduktionsbefunden (z. B. Lenin, Hitler, Kennedy, Kais[er] Maximilian II., Schiller, I. Bachmann, Kais[erin] Elisabeth, Beethoven).

Meine Beschäftigung mit Beethoven führte auch zur Auffindung v. Schädelknochen.

Ich bin seit 21 Jahren mit Christa verheiratet und habe einen 20-jährigen Sohn, der leider Medizin studiert und, was noch ärger ist, seit einem Jahr nicht mehr gegen mich im Tennis verloren hat.

Wir wohnen [...] in einem großen Garten mit vielen Tieren. Wer zu uns kommt, muss Tiere gern haben, sonst hält er das nicht aus. Meine Frau ist Tierschützerin und betreibt praktisch eine Außenstelle der tierärztlich[en] Hochschule – freie Pflegefälle.

Mein Weg zur FMei begann sehr früh und endete spät. Die ersten FM, die ich kannte, waren der ehemalige Chef meines Vaters [...] und mein Buchhändler [...]. Seit der Frühzeit meiner Wiener Periode habe ich entspr[echende] Literatur gelesen und auf eine Gelegenheit gewartet. Dann wurde [...] mein Chef, und damit war es für mich aus.

Erst als ich völlig unabhängig war, habe ich meine Bestrebun-

[15]Akademie der bildenden Künste Wien

gen wieder aufgenommen, um tatsächlich als »freier Mann von gutem Ruf« als Suchender aufzutreten. Und gleich der erste Eindruck, den ich als Neophyt hier gewinnen konnte, hat alles umgeworfen: »FM kann man nicht lernen, man muss sie erleben.«

In diesem Stadium der Erkenntnis befinde ich mich derzeit und hoffe auf eure weitere Unterstützung bei der Arbeit am rauen Stein.

24/6/88

Johannisfest im gr. Tempel

MvSt. Br:. [...]

Baustück: Interpretation aus dem Johannes-Evangelium, sehr zahlreicher Besuch, jedoch schlechte Organisation u. matte Sache.

Ich wurde am 5. März 1988 als Le[hrling] in die vollk[ommene] und gerechte L[oge] »Kosmos« im Orient in Wien aufgenommen.

Beförderung am 12. Dezember 1988
Erhebung am 7. Mai 1990
MvSt [...], dann [...]
VM [...] , dann [...]

Es geschehe also!

> Ernst: »Wie machten es denn die Menschen, als die Freimaurerei noch nicht war?«
> Falk: »Die Freimaurerei war immer.« (1778)
>
> Falk: »Die Freimaurerei ist nichts Willkürliches, sondern etwas, das im Wesen des Menschen gegründet ist. Folglich muss man auch durch eigenes Nachdenken ebensowohl darauf verfallen können, als man durch Anleitung darauf geführt wird!« (gekürzt!)[16]

Ich habe meine Gedanken vorgetragen.

[16]Aus: Gotthold Ephraim Lessing: Ernst und Falk – Gespräche für Freymäurer. 1776/1778

Jeder bedenke jetzt das Seine.

* * *

Die FM ist zutiefst unsicher, was ihre Ursprünge betrifft. In den rund 3 Jhd. ihrer formellen Existenz hat sie sich – zuweilen verzweifelt – bemüht, eine Ahnentafel aufzustellen. Freimaurerische Schriftsteller haben zahlreiche Versuche unternommen, eine Chronik ihres Bundes aufzustellen. Manche dieser Bemühungen sind geradezu komisch hinsichtlich ihrer Naivität, Ausgefallenheit und ihres Wunschdenkens.

Das Problem besteht darin, dass die FM zu intensiv nach einem zusammenhängenden Erbe, einer einzigen, kontiniuierlichen Tradition suchen, die von vorchristlichen Zeiten bis in die Gegenwart reichen soll. In Wirklichkeit setzt sich die Tradition jedoch aus zahlreichen Strängen zusammen, die zum komplexen Bau der mr. Lehre führen. (Baigent/Leigh 151)[17]

Der Ursprung der FMei wurzelt in der Domhüttentradition. Die Verbrüderung wirklicher Bauleute erhob sich zu einer Verbrüderung symbolischer Bauleute. An die Stelle technischen Kunstwertes trat Geisteswert, und statt der Errichtung vergänglicher, sichtbarer Gotteshäuser galt es nun, zu bauen an einem unsichtbaren Tempel der Humanität.

Die Zunftbräuche dieser Baugenossenschaften wurden zum Ritual der Logen umgestaltet und erhielten eine entsprechende symbolische Bedeutung.

Die FM ist eine Art Bindemittel, das die unterschiedlichen Ele-

---

[17]Michael Baigent/Richard Leigh: Der Tempel und die Loge. Das geheime Erbe der Templer in der Freimaurerei. 1991

mente und Bestandteile einer zerrissenen Welt, einer zersplitternden Weltanschauung auf eine Weise zusammenhält, wie es die katholische Kirche nicht mehr vermochte.

> LESSING: »Ihrem Wesen nach ist die FM ebenso alt wie die bürgerliche Gesellschaft. Beide konnten nicht anders als miteinander entstehen, aber das, was FM ist, hat nicht immer FM geheißen.«

In die FM[ei] wird man nicht wie in eine Religion hineingeboren, sondern als Suchender auf Grund erfüllter Wahlverwandtschaft in die Kette aufgenommen. Dem Wesen nach auf Auslese abgestellt, ist der FM-Bund nicht exklusiv im Sinne einer gesellschaftlichen Abschließung. Dies widerspräche einem Hauptsatz der »Alten Pflichten«[18] – Menschen zu vereinigen. Erinnert sei an die Worte Josephs II.: »Wenn ich mit meinesgleichen verkehrten wollte, müsste ich in die Kapuzinergruft hinabsteigen.«

> »Niemand sollt und wird es schauen,
> Was einander wir vertraut.
> Denn auf Schweigen und Vertrauen
> Ist der Tempel aufgebaut.«
> (Goethe)

Die Loge, als Ort der frm. Arbeit, ist Symbol der Welt und des Weltalls, als Wohnstätte der ganzen Menschheit. Sie wird getra-

[18] »Alte Pflichten«: aufgestellt von James Anderson, 1723, als Grundgesetze der Freimaurerei. Sie betreffen das freimaurerische Verhalten in gesellschaftlichen und metaphysischen Bezügen.

gen von den Säulen der Weisheit, Stärke und Schönheit. Die Arbeit in der Loge bedeutet Arbeit am Tempel der Humanität. Die drei Säulen verkörpern: Salomo, König v. Israel, der den Tempel in Weisheit errichtete; Hiram, König v. Tyros, der Männer und Baumaterial zur Verfügung stellte; Hiram Abi, der den Tempel in meisterhafter Arbeit schmückte. Hiram A[bi] hat nicht den Tempel errichtet, er hat ihn verziert und geschmückt.

Der Religionshistoriker Mircea Eliade ist der Meinung, dass der Mensch zweierlei zum geistigen Überleben braucht: die Annahme, dass die Welt real ist, und die Annahme, dass die Welt einen Sinn hat. Konzentriert sich der Mensch auf den Sinn, widmet er sich der Religion. Konzentriert er sich auf die Realität, widmet er sich der Wissenschaft.

* * *

Was sind FM? – Menschen mit besonderem Auftrag. Der Maurer eröffnet die L in Ehrfurcht vor dem GBAW, aber er ruft ihn nicht an, er bittet nicht um Schutz und Schirm, noch um Gehör und schon gar nicht um seine Gnade. Denn wer betet, ergibt sich dem Schicksal. Wir aber arbeiten an unserem Schicksal.

In Platons »Timaios« stößt man auf die früheste bekannte Gleichsetzung des Schöpfers mit dem »Baumeister der Welt«. (Baigent/Leigh 168)

Was brauchen wir, damit unsere Arbeit gelingt?

- Die WEISHEIT des Bewusstseins, Vernunft und Logik, also die Aufklärung;
- die STÄRKE, die Kraft zum Entscheiden und Handeln, also die Tat;

- die SCHÖNHEIT des Unbewussten, die Einfühlung und Emotion, also Esoterik (oder anders die Harmonie).

Die 3 Erkenntnisstufen der Johannis-FM[19]:

I. die Erkenntnis seiner selbst

II. die Erkenntnis der Beziehungen der Menschen untereinander

III. die Erkenntnis der Beziehung zur Transzendenz

»Es gibt mehr Leute, die kapitulieren, als solche, die scheitern.«
(Man möge überlegen, ob es die erfolgreiche amerikanische autoproduzierende Freimaurerei oder der freimaurerische Autoproduzent Ford war, der das sagte.)

Nicht besser sind wir – aber anders als die anderen. Und gerade das sollten wir in den Logen pflegen.

* * *

> Viele der freimaurerischen Symbole und Gepflogenheiten wirken ungewollt quasireligiös, und von kirchlicher Seite gibt es schon aus diesem Grund für den »humanitären Mysterien-Männerbund« keine großen Sympathien; … Derzeit ist zwar nicht mehr davon die Rede, dass Kirchenmänner das Freimaurertum als antichristlichen Satanistenbund auffassen – eher herrscht der Geist des zögernden Respektierens und der Distanziertheit vor –,

[19]Johannis-Freimaurerei: vgl. Glossar

doch sind echte Annäherungen der Standpunkte zumindest momentan nicht zu erwarten.

Suspekt wirkt für Außenstehende die – immer wieder maßlos überschätzte – Geheimhaltungspflicht, welche schon im Konstitutionsbuch des Reverend James Anderson aus dem Jahr 1723 verankert ist: »Ihr sollt in Reden und im Betragen vorsichtig sein, dass auch der scharfsinnigste Fremde nichts zu entdecken vermöge, das nicht geeignet ist, ihm eröffnet zu werden.« [ohne Quellenangabe][20]

Die Erlebenisdimension stellt das einzige echte »Geheimnis« des Bundes dar und soll von der Profanisierung geschützt werden, obwohl dies ohnehin nicht in Worten ausgedrückt werden kann.

Die Bauhütten blieben zum Teil auch bestehen, als im 16. Jahrhundert die Kunst des Kathedralenbaus erlahmte; … die Bauleute empfanden sich bald als eine verschworene Gemeinschaft, welche eigene Sitten und Gebräuche entwickelte und »Heimlichkeiten« (etwa besondere Erkennungszeichen) pflog. Da sie oft von einer Baustelle zur anderen wanderten, wurden überregionale Bande geknüpft; der neu eintreffende Geselle legitimierte sich mit einer besonderen Art der begrüßenden Handreichung, der »Handschenk«, die aber so unauffällig ausgeführt wurde, dass ein zufällig anwesender Fremder nichts davon merkte. [ohne Quellenangabe]

Zunächst war die Kirchenbaukunst eine klösterliche Domäne →

[20]In den Tagebüchern Hans Bankls befinden sich immer wieder eingeklebte Zettel mit Zitaten, die ohne Quelle sind.

Klosterbauhütten: Ordensbrüder, Laienbrüder, Handlanger. Zu Beginn der Neuzeit gingen die Bauhütten auf Laien über → weltliche Baumeister; die Organisation verriet jedoch die Herkunft aus dem geistlichen Bereich. Die Ordnung von Lehrling, Geselle und Meister entsprach dem Zunftgebrauch.

> Während der Lehrzeit galten die jungen Anwärter als unfrei, gewissermaßen als unmündig in allen Angelegenheiten der Bauhütte. Zum äußeren Zeichen dieses Tatbestandes waren sie verpflichtet, das Haupt unbedeckt und das Haar kurz geschoren zu tragen. Das Tragen von Waffen war ihnen untersagt. Sie hatten sich mit ihrem Handwerkszeug zu begnügen, und es ist anzunehmen, dass die Lehrmeister dieses auch in ihrer symbolischen (nicht nur in der praktischen) Bedeutung erläuterten. Trachtstück des Lehrlings war der Steinmetzschurz, vom Gürtel an quadratisch, nach unten hängend, oberhalb mit einem dreieckigen Brustlatz ausgestattet. Damit hatte der Schurz fünf Eckpunkte; wenn wir Nachrichten aus neuerer Zeit Glauben schenken können, wurde diese Fünfzahl so gedeutet: Fünf Sinne hat der Mensch, und diese muss der Lehrling wohl zu gebrauchen lernen, um seinem Handwerk Ehre zu machen und zum Gesellen aufzusteigen.
>
> … Höchstens fünf Kandidaten konnten bei einer Wahl zur Debatte gestellt werden. War einer akzeptiert, wurde er als »Diener am rauen Steinwerk« bezeichnet und hatte sich dementsprechend mit dem rohen Behauen der Steinblöcke zu befassen. Der »raue Stein« ist auch im Freimaurertum das Symbol des Lehrlingsgrades und der Spitzhammer das Werkzeug der Arbeit am Menschen auf dem Weg zur Veredelung der Persönlichkeit, das dem 1. Grad zugeordnet ist.
>
> Wer die lange Lehrzeit ohne Makel absolviert hatte, konnte freigesprochen und zum Jung-Gesellen befördert wer-

den. Er durfte das Haar ungekürzt tragen – nur die Stirn musste frei bleiben – , durfte den Kopf mit einem Hut bedecken und eine Hieb- oder Stoßwaffe führen. Der ehemalige Schurz des Lehrlings wird nunmehr so getragen, dass beim Gesellen der dreieckige Brustlatz nach unten umgeschlagen wird. Viereck und Dreieck spielen … in der »harmonikalen« Spekulation eine große Rolle. Die Vier und die Drei bilden mitsammen die heilige Zahl Sieben.

Der Geselle hatte nun bei einem Meister zu arbeiten und sich mit der komplizierten Materie seines Berufes vertraut zu machen. Je nach der Hüttenordnung währte diese Periode drei oder vier Jahre der Sesshaftigkeit, auf die dann pflichtgemäß die Wanderschaft folgte. Die »fahrenden Gesellen« wanderten von Ort zu Ort, von einer Baustätte zur anderen, und suchten dabei ihre eigenen Kenntnisse durch die anderswo gewonnenen Erfahrungen zu ergänzen und abzurunden. Um sich bei seiner Ankunft in anderen Bauhütten zu legitimieren, musste der »Kunstdiener« das geheime Brauchtum gelernt haben … [ohne Quellenagabe]

»Heimlichkeiten« – Passwort, Handschenk, Notruf. Es entwickelte sich ein elitäres Selbstverständnis des Bundesbruders. Vielfach musste das große praktische und theoretische Können der Dombaumeister vom breiten Publikum als unerklärlich und unheimlich empfunden [werden]. Das Bauhandwerk wurde so hoch geschätzt, dass es bald Amateurmitglieder der Werklogen gab – accepted mansons, angenommene Maurer.

Die Enzyklopädie von Lennhoff und Posner[21] widmet dem Steinmetzbrauch (LP, Sp. 1506) breiten Raum. Die

[21] Eugen Lennhoff/Oskar Posner: Internationales Freimaurer-Lexikon.

Symbolik der Bauhütten-Brüderschaften, als das ritualistische Geheimnis der sog. »inneren Hütte« aufgefasst, wird als direktes Vorbild späterer Rituale bezeichnet. »In der Bauhütte stand des Meisters Werkbank auf der ihm allein vorbehaltenen Ostseite. Im Westen arbeiten die Parlierer [Poliere], die Aufseher; im Süden die Gesellen mit dem Gesicht nach Osten, und im Norden die Lehrlinge. Der losgesprochene Lehrling, dem die Rechte eines Gesellen zuerkannt wurden, war ›zünftig‹, wenn er nach bestandener Prüfung seiner Kenntnisse in den geheimen Zunftgebräuchen regelrecht zum ›ehrbaren Gesellen‹ geworden war. Der Ausweis der Zugehörigkeit erfolgte in der Hauptsache durch geheime Zwiereden, Zeichen und Stellungen, [...]«

In der Folge ist von den Handzeichen die Rede, die ihrerseits von den Freimaurern aufgegriffen wurden; das Erkennungszeichen wurde dadurch gegeben, dass man »die rechte Hand ausgebreitet, die vier Finger zusammengeschlossen so unter das Kinn legte, dass der Daumen unter dem rechten Ohr zu stehen kam.« Diese »Halsabschneidergeste« mag ausgesagt haben: Ich lasse mir eher die Gurgel durchtrennen, ehe ich Uneingeweihten etwas verrate. Jenes Halszeichen, heißt es bei Lennhoff und Posner, »findet sich schon im Jahr 1144 am Westportal der Wiener Stephanskirche im Brustbild eines bärtigen Mannes, eines Steinmetzen, eingehauen«.

Dann folgte der »Schlag«. Er bestand aus einer Folge von zwei raschen Schlägen und eines weiteren nach einer kleinen Pause. »Bei der Aufnahme trat der Steinmetz halb entkleidet mit verbundenen Augen, bloßer Brust und mit entblößtem linkem Knie ein.« Ein Christus-Relief über dem Portal des Wiener Stephansdomes weist übrigens genau dieses entblößte Knie auf. [Ohne Quellenangabe]

* * *

Selbstkritisch muss man zugeben, dass die wirklich belangvolle Geschichte der FMei erst mit 1717 beginnt.

Woher kommt der Begriff »Freimaurer«?	
nicht obrigkeitlich	Freistein-Maurer
ortsungebunden	Facharbeiten, die z. B. ein Gewölbe mit Quadersteinen, »freestones«, errichten konnten
»privilegiert«	Steinbearbeiter – Steinmetzen
	Privilegierter Zunftmaurer, der die »Geheimnisse« der Geometrie für die Baukunst kannte.

Es gibt derzeit etwa 7–8 Millionen FM auf der Welt.

Weil FMei verbindend wirken will, kann sie nicht politisch sein.

Weil FMei dogmenlos ist, steht sie im Gegensatz zu klerikalen Gemeinschaften.

Die FMei ist kein Geheimbund, denn ein Geheimbund verbirgt sowohl seine Absichten wie auch seine Existenz.

Die großen Lichter Bibel, Winkelmaß und Zirkel symbolisieren die Pflichten gegenüber Gott, seinem Nächsten und sich selbst.

Die mr. Lehre ist weder ein System von Offenbarungen noch von göttlichen Geboten, sondern ein langsamer und kontinuierlicher Prozess immerwährender grenzenloser Suche, die uns allen – bei freier Wahl der Mittel – auferlegt ist.

Wir sprechen von »Vervollkommnung« und nicht von »Fortschritt«. Denn der Fortschritt hat kollektiven Charakter, während die Vervollkommnung in erster Linie ein individueller Prozess ist.

Augustinus: »Geh nicht aus dir heraus, gehe in dich. Im Innern des Menschen findet man die Wahrheit.«
Fichte: »Weder der Himmel noch die Hölle sind der Zweck der menschlichen Existenz, sondern die Humanität, die wir hier auf der Welt in uns tragen und die wir möglichst vervollkommnen müssen.«

Das Lebensziel der FM und ihr Streben nach Vollkommenheit beinhalte[n] den Wunsch, eine geistig-intellektuelle Elite zu sein. Sind die FM wirklich eine solche Elite und halten sie sich selbst für eine solche? – [Dies] wird von der sozialen Umwelt entschieden – Familie, Schule, Betrieb, Freundeskreis; wirtschaftl[liche] Interessengemeinschaft, Nation, Kulturkreis. Wird der Anspruch lediglich aus der Zugehörigkeit zur Bruderschaft gestellt, so beweist dies lediglich, dass »die Kunst richtig verstanden wurde«. Einziges Kriterium ist das Verhalten, d. h. ein entsprechendes (ungeheucheltes) Handeln.

* * *

Die FMei verdankt ihre Entstehung nicht charismatischen Schöpfergestalten. Die Männer, welche die Logen schufen, bildeten einen Querschnitt der damaligen Gesellschaft.

FMei ist ein besonderes System der Menschenbildung. Dies erfolgt durch die Konfrontation mit Ritualen und Symbolen.

Die FMei stellt den Versuch dar, einen Menschen zu bilden, der im Anderssein des Anderen nicht das Bedrohliche, Fremde sieht, sondern die Ursache für die Vielfalt und des Reichtums unserer Welt.

> »Ein sogenannter Suchender wird, auch wenn er tausend Jahre bei uns sucht, nichts bei uns finden, was des Findens wert, sofern er nicht die Anlage zu dem, was den wesentlichen Charakter des Freimaurers ausmacht, schon bei seinem ersten Eintritt in den Tempel mitbringt. Ohne diese Bedingung wird es ihm ergehen wie jenem, der eine Brille kauft, um lesen zu können, und sich nicht wenig darüber wundert, als er erfährt, man müsse schon lesen können, wenn die Brille etwas helfen soll.« (Christoph Martin Wieland)
> Seneca brachte es schon vor zweitausend Jahren auf den Punkt: »Die Natur schenkt nicht die Tugend. Es ist eine Kunst gut zu werden!«

Die FMei besteht für den, der sich ihrer bedient, in der lebenslangen Auseinandersetzung mit 3 Themen:

1. Wer bin ich?
2. Der Einzelne in seiner Umwelt
3. Den eigenen Tod bestehen

Ein FM hat sich ähnlich einem Pfadfinder zu betragen – jeden Tag eine gute Tat, eine mr. Handlung bzw. zumindest einen Gedanken an den Bund.

* * *

Ein guter FM muss erkennen, dass es auch andere Dinge außer FMei gibt.

Symbol

symbolon (σύμβολον):

1. Vertrag
2. Wahrzeichen, Signal, Erinnerungszeichen
3. Erkennungszeichen

Ein Symbol ist ein Sinnbild und entspricht dem Bedürfnis des Menschen, das Unsichtbare als Anschaubares zu besitzen. Jedes Symbol ist eingeschränkt auf die Gruppe von Menschen, die den Sinn hineigelegt haben. Ein Symbol kann also nur von Eingeweihten verstanden werden.

Ein Symbol ist sichtbar, psychisch (seelisch) wirksam, ja, es erzeugt oft eine metaphysische (magische) Wirkung; z. B. Tuch mit besonderen Farben u. Zeichen symbolisiert die staatliche Gemeinschaft. Krone und Szepter symbolisieren die Königsmacht, das Kruzifix symbolisiert die christl[iche] Religion, die Schwurhand symbolisiert die rächende Hand der Himmelsmacht.

Ein Sakrament ist ein sichtbares und wirksames Zeichen der unsichtbaren Gnade. Sacramentum: Fahneneid, Diensteid, Verpflichtungseide, Initiand.

Mit Symbol verwechselt wird oft Allegorie → »Andersrede«: Verdeutlichung von Begriffen und abstrakten Vorstellungen mit Hilfe bildlicher Anschaulichkeit; z. B. alleg[orische] Darstellung der Gerechtigkeit: Frauengestalt mit verbundenen Augen, Waage. Richtschwert = Symbol [für Gewalt] über Leben und Tod.

»Freier Mann von gutem Ruf«:
materielle Freiheit = wirtschaftliche Unabhängigkeit
geistige Freiheit = alles denken zu dürfen,
alles reden zu dürfen

Alle Suchende sind Erwartete,
alle Gesuchten sind zu Prüfende.

* * *

Die frm. Grundsätze verlangen die Anerkennung eines ordnenden Prinzips im Weltganzen, das symbolisch bezeichnet wird: G. B. a. W.

* * *

Die FMei gleicht einem Fenster, einem beschlagenen, trüben, blinden Fenster. So bleibt es für viele Profane – man sieht nicht hinein, und schon gar nicht durch.

Für den Eingeweihten wird das Fenster deutlich klarer: Der Blick nach innen öffnet sich, vor allem der Blick in sich selbst; der Blick nach außen öffnet sich, das »Ansehen« des Mitmenschen wir ein anderes.

* * *

Zum Tod von Br:. [...] (L Mozart) 14.3.93:
Alle guten Leute sind FM,
aber nicht alle FM sind gute Leute.

* * *

Zum 8. Mai 1993
Aufnahme in die L »Mozart«
[…]
Es waren 120 Brr. anwesend (Essen gab es für 70!), von Kosmos lediglich […] und ich.

* * *

Noch immer [emp]finde ich es als Ungehörigkeit sondergleichen, als Taktlosigkeit großen Stils, was mir nach der Führung durch die Ausstellung »250 Jahre FMei in Österreich« passierte: meine Anstecknadel mit dem G wurde von Br. […] angesprochen – schau, was der schon wieder hat!

Antwort des MvSt Br. […]: »Wir tragen halt die FMei im Herzen, innerlich!«

MvSt Br:. […] erklärt: »… im Namen des größten Baumeisters aller Zeiten.«

Kommentar von […]: – Gröbaz

Ich finde es taktlos, wenn vor der Diskussion an der WT der MvSt Br:. […] sich lediglich mit dem links von ihm sitzenden Br:. […] über den neu gekauften Mercedes unterhält und den rechts von ihm sitzenden Vortragenden eigentlich ignoriert.

> Winkel, Zirkel und das Buch des »heiligen« Gesetzes (bei uns die Bibel) sind die 3 großen Lichter der Freimaurerei. Ohne sie ist auf der ganzen Welt eine freimaurerische Arbeit nicht möglich.
>
> Wegen ihrer überragenden symbolischen Bedeutung liegen sie allein auf dem Altar.[22]

[22] Im Tempelraum liegt während der Aufnahmezeremonie die Bibel, bei Joh.1,1 aufgeschlagen, auf dem Altar.

Die Bibel ist bei Joh. 1, 1 aufgeschlagen. Warum?

Hier steht das entscheidenden Wort »logos« (unübersetzbar); es soll den Schöpfergeist bedeuten, der angerufen werden soll

Der Zirkel ist das Symbol des ausstrahlenden Geistes (offen), der Winkel ist das Symbol des irdisch Empfangenden, also wir selbst.

Die Anordnung von Zirkel und Winkelmaß ist komplex symbolisch.

Lehrlingsgrad: Der Winkel (irdisch, materiell) liegt beherrschend über dem Zirkel (geistig).

Gesellengrad: Der Zirkel überschneidet den kürzeren Schenkel des Winkels; so wird angedeutet, dass der Geist beginnt, die Materie zu beherrschen.

Meistergrad: Der Zirkel liegt mit beiden Schenkeln über dem Winkel, das Geistige hat die Materie überwunden.

Der Winkel mit dem einen kürzeren Schenkel ist die Darstellung der Arbeitshand (rechte Hand, kürzerer, rechter Daumen).[Ohne Quellenangabe]

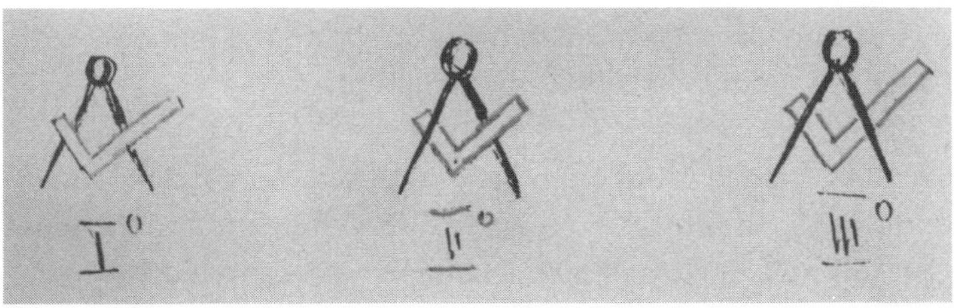

Die FMei ist ein Bund freier Männer, die dem geistigen Leben verpflichtet sind, dem humanistischen Gedanken dienen und ahnen, dass es Bereiche jenseits der bloßen Vernunft gibt.

Die FMei sollte danach trachten, Kandidaten aufzunehmen, die akzeptieren, dass es neben der materiellen Welt auch die Mystik gibt (mystikos = geheimnisvoll), dass dies zum Menschsein gehört, es sich lohnt, darüber nachzudenken, und auch [die] Begegnung mit dem Tod nicht verdrängen.

Die »ahnende Seele« ist ein unmittelbares, nicht beweisbares und nicht objektivierbares Wissen → Esoterik. Der empfängliche Mensch wird durch Symbol und Ritual auf einer irrationalen Ebene erfasst und er reagiert:

- mysterium tremendum – er erschauert und erzittert
- mysterium fascinosum – gleichzeitig wird er beglückt und beseligt.

Die Aufnahme als Lehrling ist eine mystische Weihe zu neuem Leben und nicht die bloße Zeremonie eines Eintritts.

* * *

Brüderlichkeit, vorurteilsfreie, tätige Menschliebe, Wahrhaftigkeit und die Arbeit an sich selbst sind das Fundament der FMei. (Konstitution, Allg. frm. Grundsätze)

Wenn es einigen Hunderten gelingt, unsere Gesellschaft zu verdunkeln, dann müsste es einigen tausend freien Männern gelingen, unsere Gesellschaft zu erleuchten.
Denn das Licht sollte doch stärke sein als die Finsternis.

Was sollte eine L auch sein? Ein Ort, wo man hingeht, wenn man Hilfe braucht!

»Hat die FMei mein Leben verändert?«
Wenn NEIN – causa FMei / ich
Wenn JA – causa FMei / ich

4 Kurzdefinitionen der FMei

1. Was ist das Wesentliche?

   Die FM vereint Menschen, die das profane Leben wegen ihrer Anschauungen und Überzeugungen trennen würde (Religion, Weltanschauung, Politik, Wirtschaft, Gesellschaft). Dies ist dadurch möglich, dass die einzelnen Anschauungen und Überzeugungen unangetastet bleiben.

   Es gibt keine frm. Autorität, die sich anmaßt, Überzeugungen als richtig oder falsch zu beurteilen. Gedankenfreiheit, Gewissensfreiheit, Mündigkeit jedes einzelnen Menschen ist der oberste Leitsatz.

   Es ist schwer verständlich, aber imponierend und faszinierend, dass jeder Br. seine Überzeugung leben kann, ohne deshalb von einem anderen Br. diskriminiert zu werden.

2. Was ist das Einigende?

   Das Einigende ist eine Gesinnungs- und Handlungsgemeinschaft. Im Mittelpunkt steht der Mensch mit Mut: dem Mut, gerecht zu sein; dem Mut, rechtschaffen zu sein: dem Mut, seine Pflicht zu erfüllen.

3. Was ist das Spezifische in der FMei?

   Anstelle verstandesmäßiger Unterweisung geht die FMei den Weg des »stummen Unterrichtens« durch Symbol und Ritual. Symbole sind ein Appell an Gesinnung, Charakter und Seele. Symbole sagen nicht, wie die 10 Gebote »Du sollst«, sondern benutzen ein »Ich will«.

4. Was ist das Ziel der FMei?

FMei ist in erster Linie eine Gesinnungs- und Handlungsgemeinschaft und erst in zweiter Linie eine Kult- und Symbolgemeinschaft. Ziel der FMei ist, vom Symbol zur Wirklichkeit im Alltag zu gelangen und in der Welt die Tugenden zu üben, die wir hier lernen.

1994, Donnerstag, 22. September

Es gibt weit mehr Dinge zwischen Himmel und Erde, als sich die heiligen Kühe unserer Wissenschaft träumen lassen. [TB-Notiz in Abwandlung eines Shakespeare-Zitats]

Wir bleiben in diesem Leben stets unterwegs!

»Der einzelne Mensch und die gesamte Menschheit ist einer geistigen und moralischen Höherentwicklung fähig und wert!« [Ohne Quellenangabe]

* * *

Die FM ist einerseits der Toleranz verpflichtet, andererseits der Humanität.

Toleranz bedeutet Akzeptieren der Ansichten und Meinungen anderer, Humanität bedeutet schlicht aktive Menschlichkeit.

Wenn wir das an einem konkreten Beispiel andeuten wollen, so geraten wir bereits in heftige Schwierigkeiten.

Beispiel: Fall Olivia Pilhar.[23] Soll unsere Toleranz so weit ge-

[23] Der Fall Olivia Pilhar ging in den neunziger Jahren um die Welt. Bei der fünfjährigen Olivia Pilhar war damals ein Wilms-Tumor, eine spezielle Art von Nierenkrebs, festgestellt worden. Die Eltern des Mädchens suchten für

hen, dass wir die […] Ansichten […] diverser Wunderheiler akzeptieren? Soll diese Toleranz daher die Humanität, d. h. die Erhaltung des Menschenlebens überdecken?

Wir stehen vor einem Problem!

Aufgabe eines FM ist Probleme zu lösen!

FMei ist eine grundsätzliche Lebenseinstellung der dauernden Selbstkorrektur mit Humanität als Ziel und Toleranz als Methode. Sie beruht auf dem individuellen Erlebnis der Initiation und unserer lebenslangen Arbeit am eigenen rauen Stein.

* * *

Definition der FMei:

»Eine Definition unseres Bundes ist das wohlgehütete Geheimnis gegenüber der Profanei!«

»FM ist eine Person, die durch symbolische Riten in einem symbolischen Traum zu einer symbolischen Zeit mit symbolischen Werkzeugen an der (symbolischen) allgemeinen und (symbolischen) eigenen Vervollkommnung arbeitet.«

FM ist ein Mensch (Mann) mit besonderem Auftrag.

* * *

»Kunst kommt nicht von können, Kunst kommt von müssen.« (A. Schönberg)

---

ihre Tochter Hilfe bei dem umstrittenen Heiler Ryke Geerd Hamer und seiner »Germanischen Neuen Medizin«. Nach einer abenteuerlichen Flucht nach Spanien und anschließender Rückkehr wurde dem Mädchen der mittlerweile mehrere Kilo schwere Tumor gegen den Willen der Eltern entfernt.

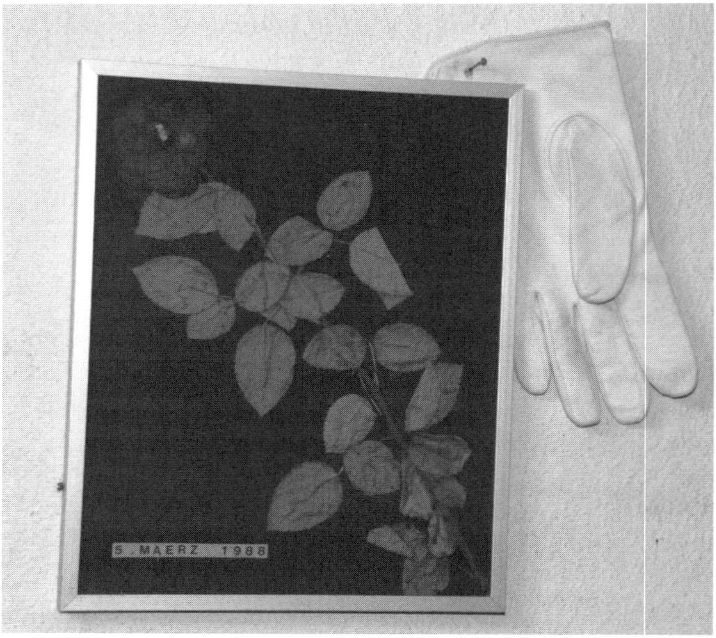
5. MAERZ 1988

Prinzen, Vogelkundler und Häuptlinge vom Stuhl

Es geschah am 19. Juni

Es geht um eines der gewaltigsten literarischen Werke des 20. Jahrhunderts. Revolutionär in seiner sprachlichen und kompositorischen Form, wird uns in diesem wahrhaft modemen Roman das Schicksal zweier Freunde während neunzehn Stunden am Donnerstag, dem 19. Juni 1904, vorgeführt. Die Hauptfigur heißt Leopold, ein 38 Jahre alter Annoncenkeiler der Zeitung »Freeman«, Jude und Freimaurer.

In diesem Jahrhundertroman wird mit Leitmotiven, Simultanberichten, freien Assoziationen und inneren Monologen gearbeitet. Mehrfach ist auch die Rede von der Freimaurerei, und diese kommt nicht gut weg dabei. Erstaunlicherweise ist das jedoch von Übersetzung zu Übersetzung verschieden, und der Verlag des Originals räumt sogar ein, dass es nicht einmal einen zuverlässigen, fehlerfreien englischen Text gibt.

Nach mehr als 200 Seiten (je nach Ausgabe unterschiedlich)

wird erstmals von dem Romanhelden erzählt, dass er Freimaurer sei. Zwei Wirtshausgäste unterhalten sich:

»Er ist Freimaurer«, sagte er. »Was Sie nicht sagen!« sagte Davy Byrne. »Ganz gewiss«, sagte Nosey Flynn. »Alter freier anerkannter Orden. Licht, Leben und Liebe, verdammt. Sie helfen ihm auf die Beine. Das erzählte mir, nun, ist ja auch einerlei, wer.« »Ist das Tatsache?« »O, es ist ein feiner Orden«, sagte Nosey Flynn. »Die lassen einen nicht im Stich, wenn's einem dreckig geht. Ich kenne jemanden, der rein wollte, aber sie sind verdammt dicht. Schon richtig, dass sie keine Frauen aufnehmen.«

Ein Teil des Romans ist nach Art eines absurden Theaterstücks gestaltet. Eine Regieanweisung dabei lautet:

»Erschreckt setzt er seinen Hut auf, geht einige Schritte zurück, schlägt sich an die Brust, hebt den rechten Arm rechtwinkelig und macht das Freimaurerzeichen. Und kurz darauf die nächste Anweisung: Er murmelt deutlich das Losungswort der Ephraimiten ›Schiebroleeth‹.« (Anm.: In einer anderen Ausgabe steht »Shitbroleeth«)

In einer weiteren Regieanweisung steht: »Dann macht er starr, den linken Fuß vorgestellt, mit gebieterischem Finger eine rasche Streckbewegung und das Zeichen des Logenmeisters, indem er mit dem rechten Arm von der linken Schulter niederfährt.«

Noch eine Anweisung: Edward VII. tritt auf, »er ist als großer erwählter vollkommener und erhabener Logenmeister gekleidet, mit Kelle und Schürze, gestempelt mit Made in Germany«. Am Ende einer kurzen Ansprache sagt er: »Mahak makar a back«.

Am Ende dieses eingeschobenen Theaterstückes findet sich ein weiterer Hinweis. Die Regieanweisung lautet: »Schweigend, gedankenvoll, hält er wachsame Wacht, die Finger an den Lippen, in der Haltung eines geheimen Meisters.«

Das ist die letzte Anspielung an die Freimaurerei, es folgt nichts mehr.

Aus welchem literarischen Meisterwerk stammen diese Hinweise auf die Freimaurerei?

Die Idee, einen Roman mit dem Titel »Ulysses« zu schreiben, kam dem irischen Schriftsteller James Joyce (1882–1941) am 29. Juni 1915 am Bahnhof von Feldkirch in Vorarlberg. Er reiste gerade, aus Triest kommend, in die Schweiz und wurde in Feldkirch aufgehalten, da man ihn mit einem Spion verwechselte. Sieben Jahre später, 1922 war der Roman fertig, gegliedert nach Episoden aus der Odyssee. Die Protagonisten des Buches sind Leopold Bloom, der Annoncenakquisiteur, seine Frau Molly und Stephen Dedalus. Die komplexe Dichtungsstruktur zu interpretieren ist ebenso unmöglich wie den Inhalt nachzuerzählen. Beides wurde vielfach versucht, immer mit anderem Ergebnis.

Was die Anspielungen auf die Freimaurerei betrifft, sollte man diese m. E. nicht überschätzen und dahinter geheimnisvolle Aussagen vermuten. In dem Roman wimmelt es von Hinweisen auf Militär und Zirkus, Unterwelt und Königtum, Geschäftemacherei und Musik, Botanik und Zoologie, Freundschaft und menschliche Gemeinheit, kurz, ein Kaleidoskop des Lebens, warum sollte dabei die Freimaurerei nicht auch am Rande erwähnt werden. Joyce war kein Freimaurer, er hatte jedoch einige Kenntnisse. Manche Wortspielandeutungen und Ritualhinweise lassen aufhorchen. Das »Freimaurerzeichen« wird durch »rechtwinkelig« charakterisiert, das »Losungswort« ähnelt phonetisch dem Passwort des 2. Grades. Das »Zeichen des Logenmeisters« ist wieder nur eine Andeutung, aber eine richtige. Bei dem Ausspruch von Eduard VII. ist wiederum die lautmalerische Ähnlichkeit mit dem Meisterwort nicht zu überhören. Letztendlich trifft die Charakterisierung der »Haltung eines geheimen Meisters« den Kern der Sache, d. h. den Einstieg in die Hochgrade.

Nehmen wir den Roman von James Joyce als das, was er

ist, ein symbolisch-gleichnishafter literarischer Bau von außergewöhnlicher Sprachgewalt – im Mittelpunkt steht immer der Mensch.

Nachtrag des Pathologen: James JOYCE ist in Zürich, im 59. Lebensjahr, an einem durchgebrochenen Zwölffingerdarmgeschwür mit innerer Blutung und Bauchfellentzündung gestorben.

Ärzte in der Freimaurerei

In der Weltbruderkette der Freimaurer sind Ärzte die am häufigsten vertretene Berufsgruppe. Dieses Phänomen ist global und bestand seit den Anfängen der spekulativen Freimaurerei. Greifen wir aus dem letzten Drittel des 18. Jahrhunderts, der ersten Hochblüte der Freimaurerei in Österreich, einige große Freimaurer-Ärzte heraus, und versuchen wir diese zu charakterisieren. Maurischen Geist verrät schon ein ärztliches Glaubensbekenntnis der damaligen Zeit: »Es liegt in unserem Wesen begründet, dass wir dauernd nach Wahrheit streben – wenn auch jede Wahrheit relativ ist –, um jene Höhe der Menschheit zu erreichen, nach der unsere Vernunft strebt.«

1. Nach der Eröffnung des Allgemeinen Krankenhauses 1784 in Wien war es ein 42-jähriger Arzt, der erstmals an diesem Ort akademischen Unterricht für die Medizinstudenten erteilte. Damals ist also die medizinische Fakultät der Universität Wien in das Allgemeine Krankenhaus eingezogen und bis heute dort geblieben. Nur so konnte ein klinischer Unterricht direkt am Krankenbett erfolgen. Diesem entscheidenden Fortschritt verdankte die Wiener Medizin der damaligen Zeit ihren Weltruf. Das Gebäude dieser ersten Klinik ist noch erhalten, das »Direktionsstöckel« im 1. Hof des jetzigen Universitätscampus an der Alser Straße. Nur drei Jahre waren diesem bedeutenden Arzt und Lehrer als Protomedicus vergönnt, er starb mit 45 Jahren an einer Hirnblutung.

2. Als international anerkannter Arzt und Wissenschaftler wurde er 1795 nach Wien berufen, um die Direktion des Allgemeinen Krankenhauses zu übernehmen. Er organisierte alles neu, begründete die Pathologie als Spezialfach

und schuf die Grundlagen der Hygiene. Aber wie es halt so ist bei erfolgreichen Ärzten, kamen zunächst die Neider, und 1804 wurde er von den Gesundheitspolitikern aus dem Amt gedrängt. Er ging als kaiserlich russischer Leibarzt und wirklicher Staatsrat nach St. Petersburg.

3. Unter den Kondolenzbesuchern am Totenbett Mozarts befand sich auch ein erst kurz zuvor aus Prag zugezogener Arzt. Er wurde ein äußerst erfolgreicher Praktiker, später Mitglied der medizinischen Fakultät und schließlich Sanitätschef von Wien und Niederösterreich. 1824 schrieb er im Auftrag eines Journalisten ein ausführliches Attest über die Krankheit und den Tod Mozarts. Deshalb steht er bis heute im Schnittpunkt der Kontroverse zwischen den unbelehrbaren Verfechtern der Mordhypothese und den weniger spekulativen Medizinhistorikern, welche bei Mozart einen natürlichen Tod annehmen.

Wer waren die drei Freimaurer-Ärzte aus dem alten Wien?

1. Der erste Kliniker im alten Allgemeinen Krankenhaus zu Wien war Dr. Maximilian Stoll (1742–1787), ein Schüler des Gerard van Swieten. Er war es, der die entscheidende Wendung von der traditionellen Medizin zur forschenden Wissenschaft in den Unterricht einführte. In seiner Vorlesung »Über die Pflichten des Arztes« sagte er: »Der Arzt verlasse den Kranken nie, wenn er auch nicht zu retten ist, er lindere, soviel er kann, und spare keine Mühe, wenigstens nicht untätig zu sein.« Bruder Stoll war ursprünglich Mitglied der Loge »Zum heiligen Joseph«, später wechselte er zur »Wahren Eintracht« und blieb sogar nach deren Auflösung in der Sammelloge »Zur Wahrheit«. Dies beweist, dass Bruder Maximilian Stoll auch

in Zeiten der beginnenden Freimaurer-Verfolgung dem Bund treu geblieben ist.

2. Der von seinem Posten als Direktor des Wiener Allgemeinen Krankenhauses hinausgeekelte Arzt war Dr. Johann Peter FRANK (1745–1808). Er gehörte zu den hervorragendsten Ärzten der Zeit und hat als Erster den einleuchtenden Gedanken propagiert: »Vorbeugen ist besser als heilen«. Obwohl damals Professor in Pavia, wurde Bruder FRANK am 27. April 1785 in der Wiener Loge »Zur wahren Eintracht« aufgenommen. Soweit wir wissen, hat er nur diese eine rituelle Arbeit besucht, könnte aber durch seine Tätigkeit in Italien beruflich verhindert gewesen sein.

3. Das einzig erhaltene medizinische Zeugnis über Mozarts Krankheit stammt von Dr. Eduard Vincenz GULDENER VON LOBES (1762-1827). Darin ist unter anderem zu lesen: »Sein Tod erweckte allgemeine Anteilnahme, aber niemand kam es in den Sinn, auch im entferntesten den Verdacht einer Vergiftung anzunehmen.« Und weiter: »Die Krankheit befiel zu gleicher Zeit verschiedene Einwohner Wiens und hatte bei manchen den gleichen tödlichen Ausgang und die gleichen Symptome wie bei Mozart.« Es ist völlig unverständlich, warum dies bei manchen MOZART-Biographen als Gefälligkeitsgutachten abqualifiziert wird, nur um an dem längst widerlegten Vergiftungsgerücht festhalten zu können. Bruder GULDENER wirkte von 1784 bis 1789 in Prag und wurde dort in die Loge »Wahrheit und Einigkeit zu den 3 gekrönten Säulen« aufgenommen. 1790 kam er nach Wien, hatte hier zahlreiche freimaurerische Kontakte, konnte jedoch nur mehr Auflösung und Verbot der Logen miterleben.

Ein Europa-Aktivist

Es war eine Familie von wahrhaft internationalen Dimensionen, in welcher der kleine Richard aufwuchs. Der Vater, ein Diplomat, stammte aus altem europäischem Adel mit multinationalen Wurzeln, die Mutter kam aus Japan. Bei den Mahlzeiten am Elterntisch in einem böhmischen Schloss saßen neben sieben Kindern deren englische und französische Gouvernanten, die ungarische Gesellschafterin der Mutter und der bayerische Privatsekretär des Vaters. 1908 trat Richard in die Gymnasialschule des Theresianums in Wien ein, danach studierte er an der Universität Geschichte und Philosophie und promovierte über das Thema »Objektivität als Grundprinzip der Moral«. Kurz vor Ausbruch des Ersten Weltkrieges heiratete er in Wien völlig unstandesgemäß eine gefeierte Schauspielerin. Die Schrecken des großen Krieges weckten in Richard das Interesse für Politik und die Idee der Völkerversöhnung, ja der Völkervereinigung. Darin sah er den einzigen Weg zur Verhinderung eines zweiten Weltkrieges. Als freier Schriftsteller propagierte er seine Zukunftsvorstellungen, verfasste etliche Bücher und organisierte Kongresse für seine Idee. Aus der Idee wurde eine Bewegung, die sich wie ein Lauffeuer ausbreitete, aber die Wege der Politik liefen anders. Im Oktober 1932 tagte der dritte Paneuropa-Kongress, im Januar 1933 entließ der deutsche Reichspräsident Hindenburg die Regierung und beauftragte Hitler mit der Kabinettsbildung. Die Weimarer Republik war tot, das Dritte Reich war geboren, und von der Paneuropa-Bewegung blieb nur ein Trümmerhaufen.

Obwohl wir zahlreiche Fotografien und sonstige Porträts von Richard kennen, ist doch seine Charakterisierung durch Thomas Mann ein beeindruckendes Zeugnis seiner Persönlichkeit:

»Zur Hälfte Japaner, zur anderen Hälfte gemischt aus dem internationalen Adelsgeblüt Europas, wie man weiß, stellt er wirklich einen eurasischen Typus vornehmer Menschlichkeit dar, der außerordentlich fesselt und vor welchem der Durchschnittsdeutsche sich recht provinzlerisch fühlt. Zwei Falten zwischen den fernöstlich sitzenden schwarzen Augen, unter der reinen, festen und stolz getragenen Stirn, verleihen seinem Lächeln etwas Ernstes und Entschlossenes. Seine Haltung wie sein Wort geben Kunde vom unerschütterlichen Glauben an eine politische Idee.«

Wer war dieser europäische Graf?

Richard Nikolaus von Coudenhove-Kalergi (1894-1972) ist zwischen zwei Kulturen aufgewachsen. Über seine japanische Mutter lernte er den Shinto-Glauben kennen, während sein tief religiöser Vater ihn mit dem Christentum vertraut machte. Dieser Vater stammte aus flämisch-griechischem Adelsgeschlecht. Die Coudenhove (bedeutet »kalter Hof«) folgten den Habsburgern zurück in die Erblande, als Belgien und die Niederlande selbstständig wurden, die Kalergi (bedeutet »schöne Tat«) kamen aus Griechenland. Richards Ziel war die Bewahrung der europäischen Kultur, gefestigt durch einen Staatenbund sowie einen großen europäischen Markt ohne Zwischenzölle. Die Paneuropa-Union sollte dieses Ziel verwirklichen. Durch den Frieden von St. Germain war Coudenhove-Kalergi tschechoslowakischer Staatsbürger geworden, daher versuchte er, Thomas Masaryk für seine Pläne zu gewinnen. Dieser sagte:

»Ich glaube, Ihre Idee ist richtig, die Vereinigten Staaten von Europa werden eines Tages zustande kommen. Aber ich fürchte, die Zeit ist noch nicht reif dafür.« Die beiden wichtigsten Staatsmänner der Nachkriegszeit, die Brüder Gustav Stresemann und Aristide Briand unterstützten das Projekt. 1922 wurde Bruder Coudenhove-Kalergi in die Wiener Loge »Humanitas« aufgenommen. Gemeinsam mit dem Großsekretär der Großloge von

Wien für Österreich, Bruder Wladimir MISAR und Bruder Friedrich HERTZ von Loge »Zukunft« wurde der Paneuropa-Gedanke weiterentwickelt. Als Symbol hat man das Sonnenkreuz gewählt: ein rotes Kreuz auf goldener Sonne. Die Großloge unterstützte ganz offiziell die Paneuropa-Idee, weil sie darin eine Verwirklichung pazifistischer Grundsätze sah. Dadurch wurde Paneuropa aber auch angreifbar und als Freimaurer-Inszenierung diskriminiert. Im Einverständnis mit den Brüdern seiner Loge hat COUDENHOVE-KALERGI im Jahre 1925 gedeckt, um nicht die Breitenwirkung der Paneuropa-Idee durch seine Zugehörigkeit zur Freimaurerei zu gefährden. Schließlich wurde er nach der Machtergreifung HITLERS aus Europa vertrieben und lehrte als Universitätsprofessor für Neuere Geschichte in New York. 1951 erhielt er den ersten internationalen Karlspreis der Stadt Aachen »In Anerkennung seiner Lebensarbeit für die Gestaltwerdung der Vereinigten Staaten von Europa.«

Bruder COUDENHOVE-KALERGI starb achtundsiebzigjährig in Schruns/Vorarlberg an einem Gehirnschlag. Vor achtzig Jahren war er der erste Verkünder des europäischen Zusammenschlusses, seine Ideen beginnen langsam, Wirklichkeit zu werden.

Ein guter Vorschlag der Baronin

Die österreichische Friedensnobelpreisträgerin Bertha von SUTTNER (1843–1914) hatte enge Kontakte zur Freimaurerei ihrer Zeit. Das war gar nicht so einfach, denn es betraf jene Epoche, als in Österreich jegliche masonische Tätigkeit strikt verboten war und daher unsere Vorfahren nach Ungarn (Neudörfel) bzw. Pressburg ausweichen mussten. Es war die Grenzlogenzeit.

Baronin SUTTNER hatte 1891 die »Österreichische Friedensgesellschaft« gegründet, viele Mitglieder waren Freimaurer. Das Wohnhaus der SUTTNER war gleichzeitig Sitz der »Friedensgesellschaft« und daneben auch Treffpunkt der humanitären Vereine, unter deren Deckmantel die Bauhütte in Cisleithanien zusammentraten. Die persönlichen und örtlichen Verflechtungen gestalteten sich eng. So war Heinrich GLÜCKSMANN (1864–1947), Journalist und Dramaturg des Volkstheaters, einer der aktivsten Freimaurer seiner Zeit, ein wichtiger Mitarbeiter SUTTNERS und Vizepräsident der »Friedensgesellschaft«. Ihm kam als Vermittler zwischen Pazifismus und Freimaurerei eine tragende Rolle zu.

Ein für die österreichische Freimaurerei interessantes Ereignis fand am 25.12.1904 statt. Bruder GLÜCKSMANN hatte die bereits verwitwete Baronin SUTTNER offenbar gebeten, vor einer – nicht näher genannten – Versammlung über die Entwicklung der Friedensidee zu sprechen. In einem Brief mit oben erwähntem Datum lehnte sie ab: »Was nun den Vortrag betrifft – seien Sie mir nicht böse; aber ich kann nicht ja sagen.« Sie begründet die Absage mit zahlreichen anderen Verpflichtungen, schlägt aber einem ihrer Mitarbeiter vor, zu sprechen. Es ist dies der Chefredakteur der Zeitschrift »Die Waffen nieder«, ein gebürtiger Österreicher, der zwanzig Jahre in Berlin als Buchhändler und Publizist tätig war und im Jahre 1903 nach Wien zurückgekehrt ist. Es scheint sehr wahrscheinlich, dass der 39 Jahre alte Heimkehrer noch keine intensiven Kontakte zu den sozialreformerischen und masonischen Kreisen in Wien besaß. Die durch den Brief Berta von Suttners vermittelte Bekanntschaft zwischen dem Freimaurer Heinrich Glücksmann und dem pazifistisch tätigen Journalisten hat sicherlich dessen Weg zur Freimaurerei in Gang gesetzt. Er lernte die richtigen Leute und die richtigen Ideen kennen, vier Jahre später wurde er in den Bund aufgenommen.

Was wurde aus dieser Empfehlung Berta von Suttners?

Der Buchhändler, Journalist und pazifistische Schriftsteller Alfred Hermann Fried (1864–1921) war neben der Baronin der bedeutendste österreichische Friedenspropagandist. Während seines Aufenthalts in Berlin gründete er die »Deutsche Friedensbewegung« und gab mehrere Zeitschriften heraus. Er war bestrebt, nicht nur emotionell gegen Krieg und Aufrüstung zu argumentieren, sondern er hat das Phänomen Krieg wissenschaftlich analysiert. Dabei drang er schon um die Jahrhundertwende zu Ideen wie Völkerbund und Paneuropa vor. Bruder Alfred Hermann Fried wurde 1908 in die Loge »Sokrates« aufgenommen und war 1914 Deputierter Meister. Als einer der wesentlichen Ideengeber der Freimaurerei übte er großen Einfluss auf die geistige Grundhaltung der damaligen Logen aus. 1911 erhielt er als zweiter Österreicher den Friedensnobelpreis. Die Preisträgerin des Jahres 1905 ist Berta von Suttner gewesen.

Bruder Alfred Hermann Fried ist einer jener seltenen Menschen, die ihr ganzes Leben unter Hintansetzung des eigenen Wohlergehens einer Menschheitsidee gewidmet haben, der Idee des Tempels der allgemeinen Menschenliebe. Der freimaurerische Glaube, dass der Mensch im Grunde gut sei, dass Menschsein auch Brudersein bedeutet und es also gelingen müsse, Konflikte zwischen verschiedenen Völkern anders als mit Gewalt zu lösen, war in Fried zutiefst verwurzelt.

Allgemein bekannt sind noch die Namen folgender Friedensnobelpreisträger die dem Freimaurerbund angehörten:

Theodore Roosevelt, 1906 ausgezeichnet wegen seiner Vermittlung im Russisch-Japanischem Krieg.

Leon Victor Auguste Bourgeois, 1920 ausgezeichnet als erster Vorsitzender des Völkerbundes.

Gustav Stresemann, 1926 ausgezeichnet für seine Bemühungen, ein in Frieden geeintes Europa zu schaffen. Er erhielt den Preis gemeinsam mit Aristide Briand.

Carl von Ossietzky, 1935 ausgezeichnet für seine pazifistischen Publikationen. 1938 von den Nazis im KZ ermordet.

George Marshall, 1953 ausgezeichnet für sein Hilfs- und Aufbauprogramm für Europa nach dem Krieg. Ein Ausspruch von ihm sollte freimaurerische Maxime sein: »Kleine Taten, die man ausführt, sind besser als große, die man plant«.

Wer rettete wen?

Ein junger Mann aus einer Aristokratenfamilie wäre beim Baden in einem See in Schottland beinahe ertrunken. Im eiskalten Wasser bekam er Krämpfe, schrie laut um Hilfe und wurde von einem in der Nähe arbeitenden Bauernjungen gerettet. Einige Zeit später kam der junge Adelige wieder in diese Gegend und fragte seinen Retter, was er eigentlich für Zukunftspläne hätte. Der junge Mann gestand ihm, dass er gerne Medizin studieren möchte, dafür aber kein Geld vorhanden wäre. Die Adelsfamilie sorgte für eine finanzielle Unterstützung. Der junge Bauernsohn wurde Arzt und Forscher, entdeckte ein völlig neues Heilmittel und erhielt dafür den Nobelpreis. Er war Mitglied mehrerer Logen, Stuhlmeister und langjähriger Großbeamter. Die beträchtlichen Einnahmen aus seiner Entdeckung flossen zum größten Teil freimaurerischen Wohltätigkeitsorganisationen zu. Der andere junge Mann wurde Politiker und Regierungschef, ebenfalls Freimaurer, aber er war in der KK sehr nachlässig. Auch er erhielt den Nobelpreis.

Wer war der junge Mann, dessen Medizinstudium finanziert werden musste?

Er wurde Alec gerufen und war das siebente Kind des Viehbauern Hugh Fleming. Erst nachdem der Junge vier Jahre als Angestellter einer Schifffahrtsgesellschaft verbracht hatte, konnte sein Medizinstudium finanziert werden.

Wie verlief sein profanes und maurerisches Leben?

Alexander Fleming (1881–1955) entdeckte 1928 die Wirkung des Penizillins und wurde 1944 als »Sir« in den niederen Adelsstand erhoben. 1925 und 1935 war er Meister vom Stuhl seiner

Londoner Loge, seit 1942 Großbeamter – zunächst »grand deacon« und schließlich »grand warden«, d. h. Großschaffer und Großaufseher. Im Schottischen Ritus erreichte er den 30⊠.

Wer war der vom Ertrinken Gerettete?

Der junge Mann hieß Winston Churchill (1874–1965) und stammte aus der Familie der Herzöge von Marlborough. Er wurde 1901 in den Bund aufgenommen und hat nach Auskunft der »United Grand Lodge of England« im Jahre 1910 gedeckt.

Für welche Leistung hat er den Nobelpreis erhalten?

1953 erhielt Sir Winston Churchill den Literatur-Nobelpreis »für seine meisterliche Art, die Geschichte und sein Leben darzustellen, sowie für die brillante Beredsamkeit, mit der er sich für die Verteidigung unserer Zivilisation einsetzte«. Seine gesammelten Werke umfassen 36 Bände.

Nicht nur die Bändigung des Blitzes

Am 18. August 1769 schlug in den Turm der San Nazaro Kirche im norditalienischen Brescia der Blitz ein. Eine gewaltige Explosion erschütterte die Stadt, Hunderte Häuser wurden zerstört, man zählte über 400 Tote. Der Blitz hatte nämlich ein Pulverdepot in der Kirche getroffen. Brescia gehörte zu dieser Zeit der Republik Venedig an, war jedoch umgeben von habsburgisch besetzten Gebieten. Also benötigte man viel Pulver und musste es auch gut verstecken.

Die Nachricht von diesem katastrophalen Unglück verbreitete sich rasch in ganz Europa, Pulvermagazine gab es ja auch anderswo. Und das erregte die Aufmerksamkeit der Militärs. Wie konnte man sich gegen den Feuerstrahl aus den Wolken schützen? Etwa durch einen »Strahlableiter«, den ein Mann aus Übersee seit einiger Zeit unermüdlich propagierte? Bereits Ende der 1740er Jahre hatte ein Buchdrucker aus Philadelphia nachgewiesen, dass die Atmosphäre elektrisch geladen ist. Er baute einen Flugdrachen mit einem Eisengestänge, ließ diesen an einem Metalldraht in die Höhe steigen und konnte daraus Funken ziehen. Hätte allerdings ein Blitz in den Drachen eingeschlagen, so wäre dieser Erfinder zum ersten Märtyrer der Elektrizitätslehre geworden. Er entwickelte jedoch seine Idee weiter und machte den Vorschlag, mittels geerdeter Metallstangen Blitze gefahrlos abzuleiten. Es dauerte allerdings noch einige Jahrzehnte, bis sich diese Vorrichtung durchsetzte, denn massive Einwände kamen von seiten der Geistlichkeit. »Alle Blitze und Schläge hat der Herr abgemessen, kein einziger fällt anders, als ihn die ewige Vorsicht bestimmt, sie sind lauter Pfeile in der Hand des Schöpfers, darum ein jeglicher nur just den Punct trifft, wohin er gezielt ist«, argumentierte etwa der Hamburger Theologe Christian Samuel Ulber. Der Blitzableiter komme einer Entwaffnung Gottes gleich, der Versuch, sich seiner strafenden Gerechtigkeit zu entziehen, sei lästerlich. Noch am Beginn des 20. Jahrhunderts spottete der österreichische Literat Karl KRAUS: »Ein Blitzableiter auf einem Kirchturm ist das denkbar stärkste Misstrauensvotum gegen den lieben Gott.« Die Verlässlichkeit der Blitzableiter setzte sich durch, schließlich wurde die Metallstange als »Triumphzeichen über Vorurteile« gefeiert. Eine geniale Erfindung hatte sich bewährt, denkbar einfach in Montage und Anwendung, wie eben alles Geniale. Bis in das 20. Jahrhundert gab es aber vereinzelt immer noch volkstümliche Blitzschutzmethoden, wie das Wetterläuten, das Auslegen von »Donnerkraut« oder das Tragen von Amuletten.

Der Blitzableiter, wie er heute noch verwendet wird, ist von einem Freimaurer erdacht und gebaut worden.

Wer hat den Blitzableiter erfunden?

Bruder Benjamin FRANKLIN (1706–1790) geboren in Boston und gestorben in Philadelphia, hatte ursprünglich den Beruf eines Buchdruckers gelernt, später wurde er auch Verleger und Buchhändler, womit er zur Verbreitung der Ideen der amerikanischen Unabhängigkeitsbewegung entscheidend beitrug. Mit der Freimaurerei war er schon früh bei Besuchen in London in Berührung gekommen, er selbst ist 1731 in die »St. John's Lodge« in Philadelphia aufgenommen worden. Zeitlebens blieb er ein engagierter, eifriger Freimaurer. In der von ihm herausgegebenen»Pennsylvania Gazette« erschienen regelmäßig Logennachrichten, und 1734 brachte er als erstes freimaurerisches Buch in der Neuen Welt eine Ausgabe der Konstitution des Reverend ANDERSON heraus. Bruder FRANKLIN ist Großbeamter und Provinzialgroßmeister von Pennsylvania geworden, während seiner Zeit als Botschafter in Frankreich affiliierte er in die Pariser Eliteloge »Les Neuf Sœurs«.

Bruder Franklin ernährte sich in seiner Jugend streng vegetarisch und mied alkoholische Getränke, das eingesparte Geld verwendete er zur Anschaffung von Büchern. Mit 30 Jahren begann er sich als Lokalpolitiker zu betätigen und setzte Maßnahmen zur Schul- und Volksbildung. 1762 hat er die Abtretung Kanadas von den Franzosen an die Engländer diplomatisch eingefädelt. Danach organisierte er von Europa aus den Widerstand der Amerikaner gegen die britische Kolonialmacht. Er ist entscheidend bei der Anwendung erfahrener europäischer Militärführer für den Unabhängigkeitskrieg beteiligt gewesen, so etwa des Bruders Lafayette und des Bruders von Steuben. Mit deren Hilfe und unter dem Oberkommando von Bruder Washington wurden die Engländer besiegt.

Anlässlich der Aufnahme in die französische Akademie hat Bruder D'Alembert über Benjamin Franklin geschrieben: »Eripuit coelo fulmen, sceptrumque tyrannis.« Diese klassischen Jamben lauten übersetzt: »Dem Himmel hat er den Blitz entrissen, den Tyrannen das Szepter.«

Als Franklin 1786 in die Vereinigten Staaten zurückkehrte, gründete er sofort Gesellschaften. Die »Philadelphia-Gesellschaft für die Erleichterung des Elends in öffentlichen Gefängnissen« und die »Pennsylvania-Gesellschaft zur Beförderung und Aufhebung der Sklaverei der Neger und zur Verbesserung des Zustandes der afrikanischen Rasse.«

Aufregung um ein Buch

Die Zeit der Alleinregierung von Kaiser JOSEPH II., d. h. Ende 1780 bis Anfang 1790, war die Epoche der oft verzweifelten Versuche des Herrschers, Gerechtigkeit, Toleranz und Humanität mit den unverrückbaren Prinzipien der absoluten Regentschaft zu verbinden. Teilweise schlimm erging es dabei dem Universalanspruch der katholischen Kirche, die mit Vorschriften und zu erteilenden Erlaubnissen auch weit in das weltliche Leben eingriff. Im Oktober 1781 erlaubte das Toleranzpatent die freie Religionsausübung für Lutheraner, Calvinisten und Griechisch-Orthodoxe, im Januar 1782 folgte die Genehmigung für die Mitbürger jüdischen Glaubens. Kurz darauf kam die kaiserliche Aufhebung aller beschaulichen Orden, die weder Schule hielten noch Kranke betreuten, auch nicht predigten oder den Beichtstuhl versahen. Das brachte Aufregung, die betroffenen Mönche agitierten gegen den Kaiser.

In dieser Zeit, um genau zu sein im Jahre 1783, erschien ein schmales Büchlein mit dem Titel »Joanni Physiophili specimen Monachologiae, methodo Linnaeana …« Diese »Mönchsnaturkunde des Johannes Physiophilus, nach dem System des Linné« war ein wildes Buch, der Verfasser blieb zunächst anonym und unerwähnt. Es handelte sich um die wohl schärfste Satire gegen das Mönchstum, die jemals erschienen ist.

Nach dem Schema der LINNÉschen Systematik wurden die verschiedensten Mönchsorden klassifiziert und mit naturwissenschaftlicher Methode beschrieben. Das Werk rief bei der Geistlichkeit große Empörung hervor, Kardinal MIGAZZI, der Fürsterzbischof von Wien, protestierte heftig gegen die Verbreitung des Buches. Die bischöflichen Einwendungen blieben zunächst wirkungslos, die lateinische Ausgabe durfte unzensuriert erscheinen, erst 1786 wurde die deutsche Ausgabe verboten. Einige der harmlosen Sätze daraus lauten beispielhaft: »Was das Insekt in dem Geschlechte der unvernünftigen Thiere ist, das ist der Mönch in dem Geschlecht der vernünftigen Thierart … nur mit dem einzigen Unterschiede, dass letzteres im Kleinen, und der Mönch im Ganzen schädlich ist: z. B. Die Raupe frisst nur Laub, der Mönch ein Königreich.« Und so geht es weiter und wird noch viel drastischer.

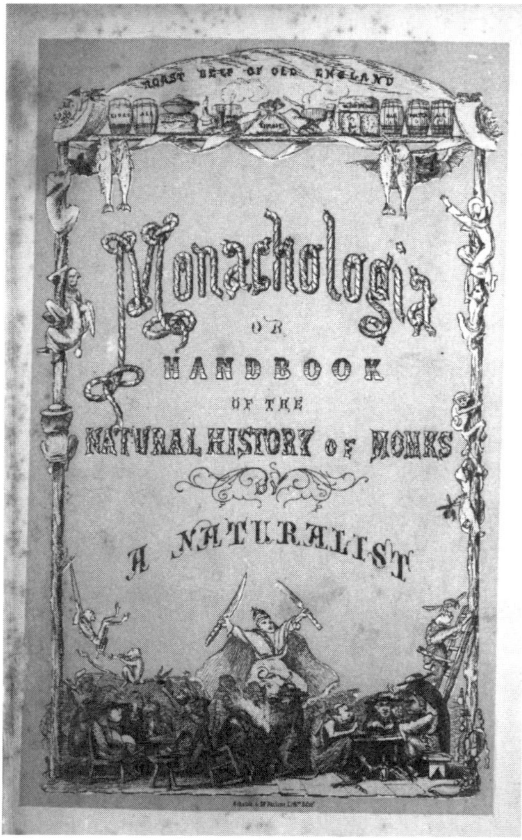

Wer hat die »Mönchsnaturkunde« verfasst?

Eine der ersten Ausgaben dieses Büchleins in deutscher Sprache, erst kürzlich in die Sammlung des Verfassers dieser Lebensbeschreibungen gelangt, trägt den Titel: »Neueste Naturgeschichte des Mönchsthums, beschrieben im Geiste der Linnäischen Sammlungen und mit drei Kupfertafeln erklärt von P. Ignaz Lojola Kuttenpeitscher aus der ehemaligen Gesellschaft Jesu. Im Jahre des Lichts 1783.« Es sind 48 Textseiten sowie 3 Kupfertafeln, welche in Anlehnung an ein naturwissenschaftliches Werk die »Merkmale« der Mönche zeigen – Kutten, Hosen, Kapuzen, Sandalen etc. Die Titelvignette stellt den »Wolf im Schafspelz« dar. Hinter dem Pseudonym Ignaz Lojola Kuttenpeitscher stand der Jesuitenschüler und ehemalige Novize, damals allerdings bereits Hofrat und Bergbauexperte Ignaz von Born (1742-1791). Seine Autorenschaft war zunächst umstritten, aber ein Brief seiner Tochter Maria von 1785 brachte Klarheit: »Sie wissen doch, dass meines Vaters Monachologie in Rom öffentlich verbrannt worden ist?«

Bruder Ignaz von Born ist am 14. November 1781 in die Loge »Zur Wahren Eintracht« affiliiert worden und wurde am 9. März 1782 mit 31 von 34 abgegebenen Stimmen zum Meister vom Stuhl gewählt. Damit hatte die große Zeit dieser Loge begonnen.

Bruder Johann Pezzl erzählte später, Ignaz von Born sprühte von Sarkasmus und war in seiner Wortwahl messerschaft: »Er hieb nicht etwa bloß mit Ruten: nein, er skalpierte seine Opfer.«

Mehr als ein Buchhändler

Er musste mit 16 Jahren seine schulische Ausbildung abbrechen, um eine Buchhändlerlehre zu beginnen. Was er in seinem späteren Leben auf den verschiedensten Wissensgebieten erreichte, gelang ihm als Autodidakt. Er hat nämlich bereits 1758 als 25-jähriger Mann in Berlin die von seinem Vater gegründete Verlags-Buchhandlung übernommen. Neben dieser intensiv von ihm betriebenen Tätigkeit blieb die eigene literarische und wissenschaftliche Aktivität aber nicht zurück. Wie sehr seine Arbeit geschätzt wurde, zeigen die vielfachen Ehrungen: Mitglied der Bayerischen Akademie der Wissenschaften sowie der königlichen Akademie in Berlin, Ehrendoktor der Philosophie der Universität Helmstedt, auswärtiges Mitglied der Akademie der Wissenschaften in St. Petersburg. Zwischen 1760–70 war seine Buchhandlung das Zentrum des geistlichen Lebens in Deutschland. Er selbst maß dem Buch- und Zeitschriftenhandel große Bedeutung bei, und zwar sowohl als Kommunikationsmittel der Gelehrten untereinander wie auch als Vermittler von Bildung und Kultur für die breitere Öffentlichkeit. Es steht außer Zweifel, dass dieser Buchhändler in Berlin entscheidend zur Verbreitung der deutschen Literatur und zur Entfaltung der Aufklärung beigetragen hat. 442 neue Buchtitel in 1117 Bänden hat er auf den Markt gebracht, dazu eine Serie von Zeitschriften. Am bekanntesten ist die Publikationsreihe »Allgemeine deutsche Bibliothek«, worin kritisch eigentlich alle Wissensgebiete von der Theologie bis zur Gartenbaukunst behandelt wurden. Durch solche Schriften von breitem Inhalt und allgemeinem Interesse hat er die »Leserevolution« entscheidend gefördert.

Was die Freimaurerei angeht, so verfolgte er zwei Strategien. Er propagierte die These, dass die Jesuiten versuchten, die Logen zu unterwandern und im Sinne der katholischen Kirche zu lenken. Mystik und Rosenkreuzerei waren ihm in tiefster Seele verhasst. Zum Zweiten trat er gegen die Herleitung der Freimaurerei aus dem Templerorden auf. Seine Sprache war immer scharf, seine Argumentation ging bis zur persönlichen Beleidigung, seine Parodien trafen zielsicher. Trotz seiner polemischen Art, die ihm viele Feinde schuf, zählte dieser publizierende Buchhändler zu den bedeutendsten Köpfen der Aufklärung und wurde mit seinen Zeitschriften zu einem der Wortführer.

Wer war dieser aufklärende Buchhändler?

Christoph Friedrich NICOLAI (1733–1811) war strikter Rationalist und Aufklärer. Er wurde Freimaurer, weil er glaubte, dass diese Ideen in den Logen verwirklicht würden. Wahrscheinlich ist er um 1775 aufgenommen worden, ohne aber einer bestimmten Loge anzugehören. Dies war möglich, denn zu jener Zeit herrschte noch die Auffassung vor, dass die Aufnahme den Freimaurer kennzeichne, nicht die Logenmitgliedschaft. Gesichert ist seine Mitgliedschaft in der großen nationalen Mutterloge zu den 3 Weltkugeln und in der Berliner Bauhütte »Zur Eintracht«. Es war die Zeit der Verwirrung der Systeme (Strikte Observanz, Illuminaten, Einflüsse des Rosenkreuzertums) und der Wiederherstellung des Einflusses der christlichen Religion nach dem Tode FRIEDRICHS DES GROSSEN (1786). Bruder NICOLAI zog sich vorübergehend von den Logenarbeiten zurück, da er seine Prinzipientreue nicht erfüllt sah. Heute wissen wir, dass er mit seinen Ansichten Recht hatte, denn die spekulative Maurerei lässt sich nicht über das 17. Jahrhundert hinaus in der Geschichte zurückverfolgen. Auch die Episode der wiedererstarkten religiösen Zensur und Lebensüberwachung in Preußen unter Bruder FRIEDRICH WILHELM II. hat Bruder NICOLAI ganz gut überstanden. Im profanen, schriftstellerischen Leben führte Bruder NIcolai scharfe und rücksichtslose Angriffe auf alle Werke der irrationalen Literatur. Mit seiner Parodie »Freuden des jungen Werthers« (1775) zog er sich die Feindschaft Bruder Goethes zu, mit »Eyn feyner kleyner Almanach« (1777) verspottete er die Volksliedersammlung von Bruder Herder. Es kam zu wilden Wortgefechten, die Brüder gingen nicht zimperlich miteinander um. Nicolai sah sich als Vermittler zwischen dem wissenschaftlich-gelehrten und dem populär-literarischen Leben der späten Aufklärung. Seine Kritik an den Sturm- und Drang-Autoren ging von seinem strikt aufklärerischen Verständnis von Literatur und Philosophie aus, wobei er stärker die Bildungs- und Nützlichkeitsfunktion betonte als das Gefühl und die Schwärmerei.

Sie waren die Ersten

Selbstverständlich ist es Zufall, aber es ist ein schöner Zufall, dass die Namen der beiden urkundlich frühesten Freimaurer in England und in Deutschland als Gemeinsamkeit den gleichen Anfangsbuchstaben tragen, nämlich »A«.

Der Engländer

Er war einer der größten Altertumsforscher seiner Zeit, aber auch Historiker, Offizier, Physiker, Astrologe, Rechtsanwalt, Mediziner, Alchimist, Botaniker, Mitglied der Royal Society und Begründer eines noch heute bestehenden Museums in Oxford. Allgemein gilt er als würdiger Repräsentant eines maurerischen Universalismus. Durch ihn flossen Elemente der Alchemie und des Rosenkreuzertums in die sich neu formierende Geisteswelt der spekulativen Maurerei ein. Am 16. Oktober 1646, als in Mitteleuropa noch der Dreißigjährige Krieg im Gange war, wurde der besagte Mann in Lancashire in eine Loge aufgenommen. Er selbst hat in seinem Tagebuch darüber berichtet. Dies ist heute ein einzigartiges Dokument masonischer Geschichte.

Der Deutsche

Er stammte aus einer Seitenlinie des verzweigten Geschlechtes der Welfen und war der gräfliche Thronfolger der kleinen Residenz in Bückeburg. Als sein Vater mit zunehmenden Jahren immer seltsamer wurde und schließlich mit gezogenem Schwert durch das Schloss rannte, wobei er Frau und Kind umzubringen drohte, floh die Mutter mit dem noch nicht dreijährigen Sohn. Sie landeten in Hannover, jedoch zog der dortige Hof 1714 nach England, da der Kurfürst von Hannover zum englischen König Georg I. gewählt worden war. 1718 kam auch unser junger Graf nach London und wurde Kammerherr sowie Diplomat. Als solcher reiste er durch ganz Europa. 1723 wird er im Protokollbuch der 1717 gegründeten ersten Großloge der Welt namentlich angeführt. Dies ist die früheste dokumentarische Erwähnung eines Mitgliedes eines regierenden Hauses im Bund der Freimaurer. 1727 war er wieder diplomatisch am Kontinent unterwegs und hielt in Mannheim eine Loge ab. Ob er dort auch eine Loge gründete, ist nicht belegt, sodass immer noch die 1737 entstandene »Loge d'Hambourg« als die älteste Bauhütte Deutschlands gilt. Der Diplomat in englischen Diensten trat 1728 die Nachfolge seines verstorbenen Vaters an und wurde Herr in Bükeburg. Er sollte später noch maßgeblich bei zwei historisch bedeutsamen masonischen Ereignissen beteiligt sein.

Wer war der »Engländer«, wer war der »Deutsche«?

Der Engländer

Bruder Elias Ashmole (1617–1692) hat am 16. Oktober 1646 in seinem Tagebuch notiert: »4.40 Uhr Nachmittag. Ich wurde zum Freimaurer gemacht in Warrington in der Grafschaft Lancashire.« 35 Jahre später schrieb er über eine Logenarbeit in der »Hall of the London Company of Masons«. Dies ist deshalb historisch interessant, da es sich dabei um eine Zusammenkunft zwischen Angehörigen der Londoner Steinmetzzunft und angenommenen, nicht-operativen Maurern handelte: »10. März 1682. Um etwa 5 Uhr nachmittag erhielt ich eine Aufforderung zur Logenarbeit in der Masons Hall in London für den morgigen Tag«, »11. März. Demgemäß ging ich hin und bin ungefähr zur Mittagsstunden worden in die Bruderschaft der Freimaurer aufgenommen: ...« Es folgen hier die Namen der Neophyten, darunter auch ein damals sehr bekannter Steinmetz und Bildhauer.

Das Tagebuch von Bruder Ashmole befindet sich in der Bodleian Library in Oxford und stellt eines der bedeutendsten Dokumente für die Geschichte der Freimaurerei dar.

Der Deutsche

Bruder Albrecht Wolfgang zu Schaumburg-Lippe (1699–1748) wird im Jahre 1723 im »first minute book of Grandlodge«, also dem Protokollbuch der Londoner Großloge, als »Count la Lippe« erwähnt. Dieses Buch enthält die Liste der regulär gegründeten Logen mit Namen der Meister vom Stuhl, Aufseher und Mitglieder. Höchst bemerkenswert ist, dass ein zweiter Bruder mit deutschem Namen aufgeführt ist: »Count Watzdorf«. Wer dieser war, ist bislang nicht festgestellt worden.

Bruder Albrecht Wolfgang war auch nach seiner Rückkehr nach Deutschland masonisch aktiv und hat zwei Ereignisse beeinflusst. Auf seine Vermittlung hin reiste eine Delegation der Großloge von London nach Den Haag und hat dort im Jahre 1731 den Herzog von Lothringen, Franz Stephan, späterer Gemahl von Maria Theresia und schließlich römisch-deutscher Kaiser, als Freimaurer aufgenommen. Sieben Jahre später, 1738, kam es zu einer Begegnung mit Friedrich Wilhelm von Preußen, dem »Soldatenkönig«, und dessen Sohn, Kronprinz Friedrich. Das Gespräch kam auf die Freimaurerei, der König äußerte sich abfällig, aber Friedrich zeigte Interesse. Albrecht Wolfgang benachrichtigte die Loge in Hamburg, und bereits zwei Monate später kam eine Delegation nach Braunschweig um den Kronprinzen von Preußen, den späteren Friedrich den Großen, in den Freimaurerbund aufzunehmen.

Ashmole und Albrecht tragen zu Recht den Anfangsbuchstaben des Alphabets in ihren Namen, denn sie waren tatsächlich die Ersten.

Nur eine kleine Gasse

Wir befinden uns inmitten der Altstadt von Wien, auf wahrhaft historischem Boden. Etwa 200 Meter vom Stephansdom entfernt beginnt ein in Nord-Südrichtung verlaufendes enges Gässchen mit gekrümmten Seitenabzweigungen und einigen doch ziemlich alten Häusern. Gäbe es da nicht die Kraftfahrzeuge und diverse moderne Fassaden, so sähe es doch sehr altertümlich aus. Und dieser Eindruck trügt auch nicht, denn es handelt sich um eine der ältesten Gassen von Wien. Trotz der Kürze hatte sie in früherer Zeit mehrere Namen: Vom Norden beginnend, gab es zunächst die Bezeichnung »Auf der Tagkhen«, der Mittelteil wurde »Traibotenstraße« genannt und das letzte Stück hieß: »Am Steig«.

In dieser Gasse und der unmittelbar anschließenden Umgebung hat sich im Laufe der Zeit einiges abgespielt.

An einer Ecke des heutigen großen Komplexes Nr. 3 befand sich das berühmte Bierhaus »Zum alten Blumenstöckl«. Dort wurde die Tischrunde »Ludlamshöhle« gegründet, eine fröhliche, geistreiche Diskussionsgesellschaft, der unter anderem Franz Grillparzer, Moriz Saphir und Karl Maria von Weber angehörten. In diesem Haus Nr. 3 war auch die berühmte Hofbuchdruckerei van Ghelen untergebracht, wo das »Wiener Diarium«, die erste Tageszeitung, gedruckt wurde. Letztendlich wohnte hier die schöne Marie von Smolenitz, die von Grillparzer, welcher im gegenüberliegenden Haus logierte, so lange platonisch verehrt wurde, bis sie von einem anderen Mann ein Kind bekam.

Die Häuser Nr. 5 und 7 stehen auf dem Grund eines ehemaligen Frauenklosters, welches Joseph II. aufgehoben hatte. Das Kloster war ein Eckhaus, vis à vis in der angrenzenden Straße steht heute noch ein Prachtbau, den Johann Bernhard Fischer von Erlach begonnen und Lukas von Hildebrandt vollendet hatte. Dort spielte sich eine menschliche Tragödie ab: Als der damalige Finanzminister Karl Ludwig von Bruck am 22. April 1860 aus der Oper zurückkehrte, fand er ein kaiserliches Handschreiben vor, das in ungnädiger Formulierung wegen angeschuldigter Unterschlagung und dgl. seine fristlose Entlassung aussprach. Bruck verübte noch am selben Abend Selbstmord, kurz darauf stellte sich seine völlige Unschuld heraus.

Die Vorgängerbauten des heutigen Hauses Nr. 10 dienten vier Jahrhunderte hindurch als Amtshaus für die Strafrechtspflege. In den Kellern waren Gefängniszellen untergebracht, in denen die Verbrecher auf Strohmatten, im Volksmund »Strohtagkhen« genannt, lagen. »Der liegt auf der Tagkhen« bezeichnete dementsprechend einen Menschen, dem es elendiglich schlecht geht. In diesem Keller wurde auch die »peinliche Frage« gestellt, also zur Erlangung eines Geständnisses gefoltert.

Das Haus Nr. 4 ist das älteste Gebäude der Gasse, es stammt z. T. aus der Zeit vor der zweiten Türkenbelagerung, ist in seinem Bestand aber weitaus älter. Urkundlich ist, dass seit 1421 hier das Bäckergewerbe ausgeübt wird. Das Haus Nr. 8 war lange Zeit eine Gaststätte, später beinhaltete es als »kleines Kayserhaus« (vielleicht nach einem Bäcker namens Kayser?) Wohnungen. Hier logierte einst der berühmteste Bewohner der Gasse.

Was hat diese Gasse mit der Freimaurerei zu tun?

Der kurze Straßenzug, welcher viele Umbauten erlebte, ist die Rauhensteingasse im 1. Wiener Gemeindebezirk und verläuft zwischen Weihburggasse und Himmelpfortgasse. Das alte Amts- und Gerichtshaus (Nr. 10) hatte an der Straßenfront eine mit rauen Steinen versehene Fassade und trug daher die Bezeichnung »Zum rauhen Steyn«. Der barocke Prachtbau in der Himmelpfortgasse war das Stadtpalais des Prinzen Eugen und ist nun Teil des Finanzministeriums.

Im kleinen Kayserhaus (Nr. 8) wohnte und starb Wolfgang Amadé Mozart, und im Haus gegenüber (Nr. 3) hat die Großloge von Österreich ihren Sitz.

Nach der Auflösung des Himmelpfortklosters wurde in der Gasse 1787 vom bürgerlichen Baumeister Josef Gerl ein viergeschossiger Wohnhauskomplex errichtet, wobei große Teile des Klostergebäudes erhalten blieben. Daraus resultiert der unregelmäßige Grundriss des heutigen Hauses Nr. 3. Der Eingang erfolgt über die ursprüngliche tonnengewölbte Einfahrt, wodurch man in den jetzt mit Glas überdachten Innenhof gelangt. 1984 hat die Großloge das Haus mittels einer Leasing GmbH erworben. Architekten haben unter der Leitung des unvergessenen Bruders Cedo Kirchner geplant, der Umbau dauerte unfassbar kurze eineinhalb Jahre, und der Umzug aus der Dorotheergasse verlief klaglos. Großmeister Axel Giese hat am 3. Februar 1986 das neue Logenhaus in der Rauhensteingasse 3 eingeweiht. Seither hat die Freimaurerei in Wien ihren Sitz in einem architektonisch wunderbaren Gebäude und mit einer Adresse von einmaliger Symbolbedeutung.

Hat es das gegeben oder nicht?

Wir leben in Zeiten, in der uns »Millionenshows« und Quizspiele vom Bildschirm geradezu entgegenströmen. Raten ist aktuell, Wissen ist noch aktueller. Schließen wir uns diesem Trend an, aber nehmen wir die Sache nicht allzu ernst.

Geschätzte Leser, geliebte Brüder: Antwortet auf die folgenden Fragen einfach mit ja oder nein, wenn euch die Rätselalternative reizt, seht in der Auflösung nach, wenn Ihr wissen wollt, ob es solche merkwürdige Ereignisse in der Freimaurerei gegeben hat.

1. Ist jemals im habsburgischen Schloss Schönbrunn Loge gehalten worden?

Die in Österreich regierenden Habsburger waren alle gegen die Freimaurerei. Aus Gründen der Staatsräson konnte ein absolutes System ja keine Geheimbünde dulden. Im 18. Jahrhundert war nach dem Tod von Kaiser Franz I. Stephan (1765) nur ein Familienmitglied Freimaurer. Maria Theresia hat zu ihm gesagt: »Wie lieb würdet Ihr mir sein, wenn Ihr von der Mäurerey abstündet!« – Hat er das getan?

2. War jemals eine Loge der Geburts- und auch Sterbeort eines Bruders?

Die Freimaurerei ist ein Lebensbund, aber man kann dabei auch übertreiben. In einer Loge geboren zu werden und dort auch schließlich zu sterben wäre der Extremfall eines maurerischen Lebens.

3. Kann ein Hund eine Tempel-Arbeit begleiten?

Blinde Menschen tragen ein schweres Schicksal. Durch einen ausgebildeten Blindenhund kann ihnen manches erleichtert werden. Aber geht das auch in einer Loge?

4. Gab es Häuptlinge vom Stuhl?

Ein Stuhl kann ein Gebrauchsgegenstand sein oder ein Thron. Jedenfalls ist der Symbolwert eines Stuhles sehr groß, vor allem in Ländern, wo nicht jedermann sich ein solches Möbel leisten kann. Dort ist es manchmal so, dass lediglich der Häuptling der Gemeinschaft einen Stuhl besitzt bzw. sein Stuhl ein besonderer ist. Wo könnten solche Stuhl-Länder gelegen sein?

Auflösungen

1. Im Schloss Schönbrunn zu Wien sind 1776 mindestens zwei Instruktionslogen abgehalten worden. Albert Casimir von SACHSEN-TESCHEN, ein Schwiegersohn der MARIA THERESIA, gehörte als Freimaurer dem System der Strikten Observanz an. Um ihn mit dem Ritus der Großen Landesloge der Freimaurer von Deutschland vertraut zu machen, hat der Meister vom Stuhl der Hamburger Loge »Zur goldenen Kugel« Franz August SUDTHAUSEN in Schönbrunn Instruktionslogen gehalten. Eingeweihte Brüder hielten Wache, denn es war unauffälliger, im Schloss zusammenzukommen, als auswärts Räumlichkeiten zu benutzen. Beim damaligen Spitzelsystem wäre das nicht verborgen geblieben. SUDTHAUSEN hat auch versucht, JOSEPH II. zum Eintritt in den Bund zu bewegen – vergeblich.

2. Henry Rice ADAMS war 1903 bis 1904 Großmeister der

Großloge von Minnesota. Seine Eltern hatten in Virginia einen Kaufmannsladen betrieben und die Räume über dem Geschäft an die »Monticello Lodge Nr. 16« vermietet. Als bei der jungen Mutter die Wehen einsetzten, ließ der Geburtshelfer, der zugleich Zweiter Aufseher der Loge war, die Frau in den Logenraum bringen, da dort viel mehr Platz war. Der kleine Henry kam im Tempel zu Welt. 23 Jahre später wurde er im gleichen Raum in die Freimaurerei aufgenommen. Im Jahre 1928 erlitt er während einer Arbeit der »Minnesota Lodge Nr. 224« einen Herzinfarkt und ist im Tempel gestorben.

3. Bruder Esco Dill verlor mit 36 Jahren durch einen Unfall seine Sehkraft. Er gehörte schon einige Zeit der »Joppa Lodge« in Cowden an. Zwölf Jahre nach diesem Unfall wurde er zum Meister vom Stuhl gewählt. Ständiger Begleiter war sein Blindenhund »Curt«, der alle notwendigen Schritte kannte und Bruder Esco sicher führte. Dies war kein Einzelfall. Es wird auch vom Labrador »Rollo« berichtet, der allerdings manchmal eingeschlafen sein soll, am Schluss der Arbeit aber stets hellwach wurde um an der WT teilzunehmen. Schließlich hat es in St. Louis einen Blindenhund gegeben, der sogar einen vom Frauchen gefertigten Schurz trug.

4. Die Länder am Golf von Guinea in Westafrika wurden durch viele Jahrhunderte von kleinen Volksgruppen bevölkert. Jede war in sich weitgehend geschlossen und wurde durch die Tradition des Stuhls zusammengehalten. Die Häuptlinge wurden jeweils gewählt und bestiegen den Stuhl, der nicht nur die Macht, sondern vor allem den Geist des damit verbundenen Stammes verkörperte. Wer

den Stuhl bestieg, hatte Verantwortung für seinen Bezirk und die darin lebenden Leute. Diese Bezirke nennt man noch heute »Stuhl-Länder«, der Häuptling verwaltet sie nur, er besitzt sie nicht. Je nach Landstrich und Bevölkerung gibt es wichtige und weniger wichtige Stühle, im Prinzip sind aber alle Stuhlinhaber gleichgestellt, und eine übergeordnete Instanz besteht bei diesen schwarzafrikanischen Ureinwohnern nicht.

Praktizierte Humanität

Während seines Medizinstudiums in Wien trat der junge Mann aus Mähren als freiwilliger Helfer der 1881 gegründeten Rettungsgesellschaft bei. Dies war der Beginn seiner praktizierten Humanität. Das Mitanschauen der Verelendung des Arbeiterproletariats und später der schrecklichen Folgen des Ersten Weltkrieges haben ihn zur aktiven Sozialpolitik geführt. Neben seiner Tätigkeit als Universitätsprofessor an der Wiener Medizinischen Fakultät wurde er Regierungsmitglied und Leiter des Volksgesundheitsamtes. Es war maßgeblich sein Verdienst, durch ein neu geschaffenes Krankenanstaltengesetz Bund, Länder und Gemeinden als Kostenträger für die Spitäler zu verpflichten. Damit wurde die Finanzierung der Krankenhäuser von den Wohltätigkeitsorganisationen gelöst. Sein oberster Leitsatz war »der Wunsch und der Wille, dem leidenden Menschen zu helfen«. Dies blieb nicht ein Wort, sondern er setzte es im Leben in die Tat um. Die Wiener Gesundheitspolitik mit der Schaffung stetiger Krankenanstalten ist sein Werk. Außerdem schuf er Kindergärten, Jugendgesundheitsämter, Mutterberatungsstellen, das System der Fürsorge sowie das Säuglingswäschepaket. Die drei Grundpfeiler dieses Systems waren: die »Pflicht der Gesellschaft zur Fürsorge«, das »Recht des Einzelnen auf Fürsorge« und das »Soziale Verantwortungsgefühl«. Im Gefolge des Bürgerkrieges in Österreich von 1934 wurde er als führender Funktionär der Sozialdemokratie verhaftet und seines Amtes als Universitätsprofessor enthoben. Die Gewährung und vor allem die Auszahlung einer Pension erfolgte nur zögerlich. Sobald er wieder in Freiheit war, trat er Studien- und Erholungsreisen an, daneben hielt er zahlreiche Vorträge. Allerdings war er frühzeitig gealtert und litt an den Symptomen einer schweren Arteriosklerose. 1936 ist er in Moskau an einem Herzinfarkt gestorben.

Wer war dieser medizinische Sozialreformer?

Bruder (Univ.-Prof. Dr.) Julius Tandler (1869–1936) gehörte zu jener immer geringer werdenden Gruppe von Menschen, die – als genaues Gegenteil der Ankündigungspolitiker sowie der selbstgerechten Funktionäre mancher Wohltätigkeitsvereinigungen – für ihre Mitmenschen tatsächlich etwas »Gutes« tun. Dabei hatte er es aber wirklich nicht leicht. Geboren in Iglau (Mähren), wuchs er in ärmlichen Verhältnissen auf, das Medizinstudium in Wien erforderte Entbehrungen. Schon als Student hatte er sich für das Spezialfach »Anatomie« entschieden. Fünfzehn Jahre nach seiner Promotion ist er 1910 zum Ordinarius für Anatomie ernannt worden. Ein Zeitungsartikel darüber trug den Titel »Die Verjudung der Wiener Universität«. Ab 1919 war Julius Tandler politisch tätig. Er brachte es zustande, sowohl als akademischer Lehrer und Forscher Außergewöhnliches zu leisten wie auch als tatkräftiger Politiker die Wiener Sozial- und Gesundheitspolitik zu reformieren. Mit einprägsamen Worten hat er seine Ideen der Bevölkerung erklärt. Zwei seiner Sätze werden auch heute noch oft wiederholt: »Wer Kindern Paläste baut, reißt Kerkermauern nieder« war sein Credo der Jugendfürsorge, und gegen den Alkoholismus trat er mit der Parole auf »Ich gehe auf den Schnaps wie ein Jagdhund«. Man sollte auch wissen, dass der Bau des Wiener Praterstadions, jetzt »Ernst-Happel-Stadion«, auf Tandlers Initiative zurückgeht.

Die Gesundheitspolitik von Julius Tandler war Teil seines umfassenden Menschenbildes, seines Traumes vom »neuen Menschen«. Hier trafen sich seine Ideen mit der Freimaurerei. Bruder Julius Tandler war Mitglied der Loge »Lessing zu den 3 Ringen«, wo er 1922 zum Meister erhoben wurde. Sein Bürge war der damalige Staatssekretär Bruder Ferdinand Hanusch.

Ein Freimaurer schrieb »Lügengeschichten«

Karl Friedrich Hieronymus Freiherr von Münchhausen (1720–1797), gebürtig aus feinem niedersächsischem Uradel, erzählte nach einem abenteuerlichen Leben in fremden Ländern und der Teilnahme an zwei Türkenkriegen im Freundeskreis auf seinem Schloss Bodenwerder die unglaublichsten Kriegs-, Jagd- und Reiseabenteuer, die er selbst erlebt haben wollte. Bald stellte sich heraus, dass es Fantasieerzählungen waren. Diese »Münchhausiaden« waren aber so spannend und gut, dass sie bald in gedruckter Form erschienen, von einem anonymen Autor zusammengefasst. 1785 hat Rudolf Erich Raspe, ein nach England geflüchteter intellektueller Kleinkrimineller aus Kassel, die Erzählungen ins Englische übersetzt und Neues hinzugedichtet: »Baron Muenchhausens narrative of his marvellous travels and campaigns in Russia.«

Damit wären diese wunderbaren Geschichten für junge und alte Leser dem deutschsprachigen Publikum eigentlich verloren gewesen. Doch das hat ein Freimaurer verhindert. Er war ein unbesoldeter Professor für deutsche Literatur, Geschichte und Philosophie an der Universität Göttingen und selbst ein eifriger Dichter. Vor allem mit seinen Balladen brachte er einen neuen volkstümlichen Ton in die deutsche Dichtung und wurde deshalb auch von Schiller öffentlich getadelt: »Eines der ersten Erfordernisse des Dichters ist Idealisierung, Veredelung, ohne welche er aufhört, seinen Namen zu verdienen.« Emsig tätig war er auch als Übersetzer. Es entstand eine Übertragung von Shakespeares »Macbeath«, und dann begann er die »Ilias« ins Deutsche zu übertragen. Er beabsichtigte eigentlich eine Nachdichtung in veränderter Form: reimlose Jamben, kernig-männliche Sprache, angelehnt an das Lutherdeutsch, vorgetragen wie von einem germanischen Barden. Dieser »Homer im Bärenfell« blieb bald auf der Strecke, da ihm andere, sinnvollere Übertragungen zuvorkamen, wie etwa jene von Bruder Johann Heinrich Voss.

Seine Bestrebungen, ein populärer Dichter zu werden, schlugen fehl, dennoch hat er etwas äußerst Populäres geschaffen, nämlich die Rückübersetzung und neuerliche Erweiterung der Münchhausengeschichten aus dem Englischen. Die Publikation »Wunderbare Reisen zu Wasser und zu Lande« wurde ein großer Erfolg, die Geschichten sind bis heute bekannt und beliebt, außerdem wurden sie mehrmals verfilmt. Unser Literat war in seinen Werken wie auch in seinem Leben ein typischer Vertreter des Sturmes und Dranges. Dies brachte ihn privat in Turbulenzen und beruflich in Schwierigkeiten.

Wer machte die »Münchhausiaden« in Deutschland populär?

Bruder Gottfried August Bürger ist 1794 an Lungenschwindsucht gestorben, er wurde 47 Jahre alt.

Ein streitbarer Philosoph

Die Universität von Jena wurde im 18. Jahrhundert wirtschaftlich von sächsischen Herzogtümern unterhalten, maßgebend von Sachsen-Weimar-Eisenach. Dort lag daher auch die Kompetenz bei der Berufung neuer Professoren. Die vielfach gerühmte »Freiheit der Lehre« in Jena hatte einen handfesten ökonomischen Hintergrund: Nirgendwo waren die Gehälter so gering wie in Jena, was auch der dortige Geschichtsprofessor SCHILLER beklagte. Um dennoch begabte Leute anzulocken, wurde die armselige Entlohnung mit anscheinender Liberalität aufgewogen. Im Ernstfall sah die Sache aber dann plötzlich ganz anders aus. 1793 wurde der Philosophieprofessor Bruder Carl Leonhard REINHOLD, ein Schwiegersohn Bruder WIELANDS, nach Kiel berufen. Zuständig für die Universität war der Minister Bruder GOETHE, welcher als Nachfolger einen damals in Zürich lebenden, 31-jährigen Privatgelehrten, der sich als Hauslehrer durchbrachte, auswählte. Kaum ist der junge Philosoph in Jena angekommen, werden seine Vorlesungen zur Attraktion für die Studenten. Er redet aufrüttelnd, weiß zu begeistern, sein Vortrag »rauscht daher wie ein Gewitter, das sich seines Feuers in einzelnen Schlägen entladet«. Außerdem hat sich herumgesprochen, dass er jene berühmte anonyme Schrift verfasst habe, die da heißt: »Beitrag zur Berichtigung der Urteile des Publikums über die französische Revolution«. Diese Abhandlung ist ein politischer Sprengsatz, denn der Autor sieht in der Revolution nur die natürlichen »Folgen der vorherigen Geistessklaverei«, bestreitet Rechtsansprüche des Geburtsadels und bejaht das Recht des Volkes auf Lossagung vom bisherigen Gesellschaftsvertrag. Da der neue Philosophieprofessor an Sonntagen Vorlesungen abhält, bringt ihm das eine Beschwerde der Geistlichkeit ein. Die Vorlesungen müssen auf den Nachmittag verlegt werden, nach dem Gottesdienst. Der politisierende Philosoph provoziert Aufregung, schließlich kommt es wegen religiöser Diskussionen zum Skandal. Es ging um die Entwicklung des Begriffes Religion und die Entstehung der Gottesvorstellung. Endlich wird der Philosoph des »Atheismus« beschuldigt, er wehrt sich, bietet aber letztendlich seinen Rücktritt an. Da sein Verhalten als Akt gegen Thron und Altar gesehen wird, entscheidet Bruder Carl AUGUST, der Herzog von Weimar, die Demission anzunehmen. Bei den Verhandlungen im Geheimen Conseil plädierte Bruder GOETHE gegen den Geist und für die Macht. Eine Regierung dürfe einfach nicht hinnehmen, dass ihr von einem angestellten Professor gedroht werde. Auf die Folgen für die Universität hingewiesen, erklärte er ungerührt: »Ein Stern geht unter, ein anderer geht auf!« Der Philosoph aber ging nicht unter, sondern an die Universität in Berlin.

Wer war der aufmüpfige Philosoph?

Alle wichtigen Mitwirkenden an der Atheismus-Debatte in Jena vom Jahre 1796 waren Freimaurer. GOETHE und Herzog CARL AUGUST gehörten der Loge »Amalia« an, der scheidende Philosophieprofessor REINHOLD war in Wien in die Loge »Zur wahren Eintracht« aufgenommen worden. Der streitbare und politisierende Philosoph ist Johann Gottlieb FICHTE (1762–1814). Bruder FICHTE kam Anfang 1793 in Danzig zur Freimaurerei, er trat in die Loge »Eugenia zum gekrönten Löwen« ein, 1794 affiliierte er zur Loge »Günther zum stehenden Löwen« in Rudolstadt.

Seine Ansichten über die Freimaurerei hat Bruder FICHTE in mehreren Vorträgen im April 1800 in Berlin dargelegt. Später wurden diese Reden unter den Titel »Philosophie der Freimaurerei. Briefe an Constant« im Druck veröffentlicht. Die Grundzüge der FICHTEschen Darstellung sind: Der »Endzweck der Menschheit« in der irdischen Existenz ist die freie Entfaltung der einzelnen Person, die nur dadurch eingeschränkt ist, dass neben ihr auch andere frei sein und Rechte haben können. Diesem übergeordneten Ziel haben der Staat als menschliche Gemeinschaft und gleichermaßen die Logen zu dienen. Die Aufgabe des Staates ist, allen Menschen das »Lebenkönnen« zu ermöglichen, also die materiellen und administrativen Grundlagen für ein gedeihliches Zusammenleben zu schaffen. Dagegen soll in der Loge die humane Bildung auf der Grundlage des freimaurerischen Wertgefüges vermittelt werden, also die Loge als Bildungsinstitut.

Auch im profanen Leben verfolgte Bruder FICHTE den Bildungsauftrag. Er war an der Gründung der Berliner Universität maßgeblich beteiligt, wurde Dekan der philosophischen Fakultär und später Rektor.

Während der Befreiungskriege gegen die napoleonische Herrschaft zog sich seine Frau bei der Krankenpflege ein infektiöses Hospitalfieber zu. FICHTE wurde angesteckt und starb mit 52 Jahren an einer bakteriellen Infektionskrankheit. Ein wesentlicher Satz von ihm sollte für jeden Freimaurer gelten: »Vaterlandsliebe ist seine Tat, Weltbürgersinn ist sein Gedanke.«

Pierre

Wir befinden uns in einem der bedeutendsten und gewaltigsten Werke der Weltliteratur, Umfang mehr als 1000 Seiten, über 500 handelnde Personen. Das Buch wird als Nationalepos eines Volkes angesehen und umfasst die Zeitspanne von etwa 1805–1820. Eine der Hauptpersonen ist »Pierre«, der uneheliche Sohn eines Grafen, welcher aber dessen gigantisches Vermögen erbt. Er ist ein unbeholfener, schüchterner junger Mann, steht jedoch wegen seines Reichtums im Mittelpunkt des gesellschaftlichen Interesses. So wird er auch in eine Ehe gedrängt, die unglücklich endet. In dieser Zeit großer persönlicher Belastungen wird Pierre Freimaurer. Obwohl der Schriftsteller selbst kein Freimaurer war, wird die Aufnahmezeremonie auf über 10 Seiten detailliert beschrieben, wie folgende Zitate aus den Wechselgesprächen zeigen. Der Suchende wird gefragt:

»Welchen Begriff habt Ihr von der Freimaurerei?«

»Ich denke mir die Freimaurerei als eine Verbrüderung und Gleichstellung der Menschen mit dem Zweck, zur Tugend zu gelangen.«

Der Redner legte die Hände auf die Brust und sagte: »Nun muss ich Euch den Hauptzweck unseres Ordens erklären. Die erste hauptsächliche Aufgabe und die Grundlage unseres Ordens, auf der er ruht und die keine menschliche Gewalt zerstören kann, besteht darin, ein gewisses Geheimnis zu bewahren und es seinen Nachkommen zu überliefern. Aber da dieses Geheimnis von der Art ist, dass es niemand erkennen noch Nutzen daraus ziehen kann, wenn er sich nicht durch dauernde und ununterbrochene Läuterung vorbereitet hat, so kann nicht jedermann hoffen, schnell in den Besitz dieses Geheimnisses zu gelangen. Darum haben wir eine zweite Aufgabe, die darin besteht, unsere Mitglieder nach Möglichkeit vorzubereiten, ihr Herz zu bessern, ihren Verstand zu läutern durch jene Mittel, die uns von Männern überliefert worden sind, welche an der Erforschung jenes Geheimnisses gearbeitet haben. Indem wir unsere Mitglieder läutern und reinigen, sind wir bemüht, drittens, auch an der Besserung des ganzen Menschengeschlechts zu arbeiten. Wir führen dem Menschengeschlecht in unseren Mitgliedern ein Beispiel der Ehrlichkeit und der Tugend vor und sind mit allen Kräften bemüht, das Böse, das in der Welt herrscht, auszurotten. Denkt darüber nach!«

Pierre wird ein überzeugter Freimaurer und versucht sein Leben danach auszurichten. Die Handlung des Romans nimmt aber eine unerwartete Wendung, Kriegsereignisse beherrschen das Geschehen. Masonische Einflüsse bestimmen jedoch die weitere Persönlichkeitsbildung des Grafen Pierre. Im Laufe der Zeit gehört er zum leitenden Rat der Loge und gewinnt nähere Einblicke in äußerlichen Schein und tatsächliches Sein im Leben und Handeln der Brüder. In einer Logen-Rede führt er aus: »Es genügt durchaus nicht, dass wir in der Stille der Loge über unsere Geheimnisse wachen, sondern wir müssen handeln – handeln! Wir müssen uns der Erziehung der Jugend widmen und uns durch unzerreißbare Bande mit verständigen Männern vereinen. Wir müssen Aberglauben, Unglauben und Dummheit ausrotten und Menschen heranbilden, die untereinander durch ein Ziel fest verbunden sind und Macht und Einfluss besitzen. Aber bei der Verfolgung dieser hohen Ziele werden wir durch innere politische Einrichtungen gehindert. Was sollen wir unter solchen Umständen tun? Sollen wir etwa die Revolution begünstigen, alles umstürzen und Gewalt durch Gewalt vertreiben? – Nein, davon sind wir weit entfernt! Jede gewaltsame Reform verdient getadelt zu werden, weil sie das Übel nicht bessern wird, solange die Menschen so bleiben, wie sie sind, und weil die Weisheit Gewalt verschmäht. Der ganze Plan des Ordens muss auf charakterfeste und tugendhafte Menschen begründet und diese Menschen untereinander verknüpft sein durch ein Ziel, das darin besteht, überall mit allen Kräften Laster und Dummheit zu verfolgen, Talente und Tugend zu schützen, würdige Menschen aus dem Staub zu heben und zu Mitgliedern unserer Brüderschaft zu machen.«

Wer ist »Pierre«, und in welchem Roman stellt er eine tragende Rolle dar?

In seinem Roman »Krieg und Frieden« entfaltet Leo Nikolajewitsch Graf Tolstoi (1828–1910) in epischer Breite das Leben in Russland vor dem Krieg, während des napoleonischen Krieges und im nachfolgenden Frieden aus. Historische Persönlichkeiten wie Zar Alexander I., Kaiser Napoleon und der Feldmarschall Kutusow werden mit erfundenen Gestalten vermischt. Eine dieser Figuren ist Pierre Besuchow. Dieser steht vor dem Einfall Napoleons dem Treiben der aristokratischen Gesellschaft ziemlich verständnislos gegenüber, er erlebt mit Entsetzen das Unheil des Krieges und entwickelt im nachfolgenden Frieden seine Ideen zur Veränderung der Gesellschaft auf friedlichem Weg. Was er in der Freimaurerei gelernt hat, hilft ihm dabei. Interessant ist, wie er nach einiger Zeit und einiger Erfahrung die Freimaurer einschätzt.

Alle Brüder, die er kannte, teilte er in vier Klassen ein. Zur ersten Klasse rechnete er diejenigen, die sich weder an der Logenarbeit noch an der menschenfreundlichen Tätigkeit beteiligten, sondern sich ausschließlich der mystischen Seite der Freimaurerei zuwandten, Alchemie, Geometrie, Mythologie. Pierre achtete diese Gruppe, teilte aber ihre Interessen nicht. Zur zweiten Klasse zählte Pierre sich selbst und jene Brüder, die suchten, schwankten und noch nicht den klaren Weg gefunden hatten, ihn aber zu finden hofften. Die dritte Klasse, und sie bildete die größte Zahl, sahen in der Freimaurerei nichts als Zeremonien und äußerliche Formen, ohne sich um deren Inhalt und Bedeutung zu kümmern. Zu der vierten Klasse endlich rechnete er jene Schar von Brüdern, die erst in letzter Zeit eingetreten waren, und dies nur deshalb, um mit einflussreichen Leuten in Beziehung zu kommen.

Es fiel Pierre Besuchow nicht ein, an der Freimaurerei selbst zu zweifeln, aber er argwöhnte, dass die Bruderschaft auf falsche Wege geraten und von ihrem ursprünglichen Quell abgekommen war.

So stellte der Nicht-Freimaurer Tolstoi um 1865 die Gedanken seiner Hauptperson über die Freimaurerei in den Jahren um 1810 dar. Alles gar nicht so unaktuell!

Ein musischer Prominentenarzt

Die Verbindung zwischen Ärzten und Musik war in Wien zu allen Zeiten sehr intensiv. Greifen wir als Beispiel einen Mediziner des 18. Jahrhunderts heraus, der auf verschiedene Weise mit der Musik sowie schöpferischen und interpretierenden Künstlern in Kontakt stand. Im Spätsommer des Jahres 1768 wurde im Gartenpavillon des weitläufigen Anwesens dieses Arztes in Wien die erste Oper eines zwölfjährigen Wunderkindes uraufgeführt. Wie es zu jener Zeit in wohlhabenden Kreisen üblich war, hatte man im eigenen Haus Theater gespielt und musiziert. Die Stücke wurden von Amateuren dargeboten, wiesen aber zum Teil ein hohes künstlerisches Niveau auf. Nach der Opernaufführung kühlten sich die Gäste des Arztes rund um ein großes Marmorbassin im Garten ab, welches mit Metallfiguren geschmückt war. Dieses Bassin sollte in der späteren Wiener Karriere des Hausherrn eine wichtige, merkwürdige Rolle spielen.

Der Arzt selbst war musikalisch begabt, spielte Cembalo und Klarinette, vor allem aber besaß er ein neuartiges Musikinstrument, dessen eigentümlicher Klang großes Aufsehen erregte. Es handelte sich um eine Glasharmonika, wobei rotierende Glasschalen vom Spieler dadurch zum Klingen gebracht wurden, indem er sie mit wasserbenetzten Fingerspitzen berührte. Zeitgenossen berichteten, das »ätherische Instrument« erzeugte »die wahre Sphären-Musik«. Auch das erwähnte Wunderkind hat darauf gespielt. Genauso wie das Wasserbassin wurde auch die Glasharmonika von dem Arzt bei der Behandlung seiner Patienten eingesetzt.

Die prominenteste, heute in Wien noch gut bekannte Patientin des Arztes war eine 18-jährige blinde Pianistin. Als Kleinkind hatte das Mädchen aus ungeklärten Gründen die Sehkraft verloren. Sie brachte es als Pianistin zu unglaublichen Leistungen.

Viele Ärzte versuchten sie zu heilen, auch der Mediziner mit der Glasharmonika hat sie behandelt. Er erzielte zumindest teilweise Erfolg, die junge Frau »fing an, die Konturen der ihr vorgestellten Körper und Figuren zu unterscheiden«. Da geschah etwas Unerwartetes. Die Eltern bekamen es mit der Angst zu tun, das Mädchen könnte sowohl die Behindertenrente wie auch den Ruf einer blinden Klaviervirtuosin verlieren, und verboten eine weitere Behandlung. Neidische Kollegen beschuldigten den Arzt des Betruges, es kam zu einem großen Skandal, und schließlich verließ der erfolgreiche Mediziner Wien, um einer offiziellen Ausweisung zu entgehen.

Wer war dieser Prominentenarzt, der 1778 aus Wien vertrieben wurde?

Franz Anton Mesmer (1734–1815) war ein forschender, allerdings auch spekulierender Arzt, hochbegabt und mit einer ausgeprägten persönlichen Kraft und Ausstrahlung. Er gilt als einer der frühen Wegbereiter in der Erforschung der menschlichen Psyche. Das zwölfjährige Wunderkind war selbstverständlich der junge Mozart, dessen Oper »Bastien und Bastienne« im Garten Mesmers uraufgeführt wurde. Das Wasserbassin im Garten hat Mesmer zu seiner Gruppentherapie mittels »Baquet« angeregt, wo eine Reihe von Patienten, um einen großen Bottich sitzend, eine Kette bildeten und so ein »Fluidum« von Mensch zu Mensch weitergeleitet werden sollte.

Die Figuren dieses Bassins stammten von dem bekannten Bildhauer Franz Xaver Messerschmidt, der später einer Loge in Pressburg angehörte. Mesmer glaubte an eine »magnetische Kraft«, allerdings ohne Magneteisen, und nannte dies daher animalischen Magnetismus. Heute wissen wir, dass seine Methode auf Suggestion und Hypnose beruhte.

Die gegenwärtig noch verkauften magnetischen Armreifen sind ein Rest von MESMERS Utensilien.

Die blinde Pianistin Maria Theresia PARADIS (1759–1824) war ein Patenkind der Kaiserin MARIA THERESIA, welche auch die Kosten ihrer Ausbildung übernommen hatte. Das Mädchen genoss in Wien ungeheure Popularität, daher war die Aufregung rund um ihre Behandlung dementsprechend groß.

Es wird immer wieder behauptet, MESMERS Name finde sich in keinem Logen-Protokoll, und daher sei seine Zugehörigkeit zum Bund der Freimaurer zweifelhaft. Die Sache ist jedoch m. E. klar:

MESMER stand auf der Einladungsliste zum 1. Konvent der Philalethen (eines französischen Hochgradsystems) am 15.2.1785 in Paris, wo 128 bekannte Meister sowie Angehörige verwandter Bünde zusammenkamen. Er gehörte dem Orden der Gold- und Rosenkreuzer an, die ja auch das Schurzfell trugen.

Sam und Bill

Der junge Mann hieß Sam, er lebte an der Ostküste der noch sehr jungen Vereinigten Staaten, und sein Vater betrieb eine Seidenspinnerei in Massachusetts. Einen regelmäßigen Schulunterricht hatte er nie genossen, aber er war von Natur aus mechanisch sehr geschickt, ein interessierter Bastler. Als 15-Jähriger hat er eine Methode entdeckt, elektrischen Strom durch ein Unterwasserkabel zu leiten: »Ganz einfach, ich habe den Draht mit geteertem Tuch umwickelt«, erklärte er. Ein Jahr später wurde er Seekadett auf einem Frachtschiff, das von Amerika nach Indien segelte. Während dieser Reise hat er mit einem Klappmesser aus einem herumliegenden Holzstück das Modell eines kleinen Apparates geschnitzt, der ihn später weltberühmt machen sollte. Aber so weit war es noch lange nicht. Zurückgekehrt nach Amerika, baute er eine transportable Erzeugungsanlage für Lachgas, nannte sich »Dr. aus Kalkutta« und zog mit einer Lachgas-Show durch die Lande. Der 18-Jährige hatte damit einen Riesenerfolg, denn die Wirkung von Lachgas auszuprobieren war damals ein beliebtes Vergnügen, da es »beim Einatmen in die Lungen die erstaunlichste Wirkung auf das Nervensystem hervorruft. Einige Personen neigen zum Lachen, Singen und Tanzen, andere zum Rezitieren und Deklamieren, und die meisten haben einen unwiderstehlichen Hang zur körperlichen Betätigung«. Eine Bühne mit von Lachgas benebelten Akteuren war auf jedem Jahrmarkt eine Attraktion. Der junge Mann bot auch an, privates Schnuppern zu 50 Cent die Dosis zu verkaufen. Wenn man bedenkt, dass zu jener Zeit die feinsten Restaurants von New York ein Menü für 15 Cent oder weniger auftrugen, war der Preis eines Lachgasrausches kein geringer. Mit dem eingenommenen Geld trieb er die Konstruktion seines kleinen Apparates voran, bis er einen funktionierenden Prototyp besaß. 1836 wurde ihm für seine Erfindung das Patent erteilt, der junge Bastler war gerade 22 Jahre alt. Es dauerte aber noch 12 Jahre, bis sich ein durchschlagender Erfolg einstellte. Aber 1848 hatte unser Mann eine eigene Fabrik in Hartford, Connecticut, und er erhielt lukrative Aufträge vom Militär. Seine Erzeugnisse erhielten Namen und Nummern, die bis heute jedem Sammler geläufig sind: »Paterson«, »Walker« oder »Dragoon« erreichen derzeit bei Auktionen gigantische Preise.

Als die erwähnte Fabrik in Hartford 1848 mit der Massenproduktion begann, war ein Knabe gerade zwei Jahre alt. Dieser sollte später als Erwachsener weltberühmt werden, und zwar dadurch, dass er mit dem jetzt in großen Serien produzierten Apparat unglaubliche Kunststücke vorführte. 1906 gastierte dieser Mann mit seiner Show in Wien. Eine Freiluftarena für 12.000 Zuschauer wurde in der Gegend des heutigen Messegeländes gebaut, die Vorstellungen waren drei Wochen lang ausverkauft. 800 Darsteller und 500 Pferde traten auf, der Chef der Truppe hieß William, aber er ist eigentlich nur unter seinem Spitznamen »Bill« bekannt geworden. Da ein Teil der Akteure lediglich den Dialekt ihrer Heimat sprach, wurde in der kurzen Zeit des Gastspieles in Wien ein Modewort geprägt, »minne piga«, das bedeutet »gelbes Wasser«. Die gastierenden Künstler waren tief beeindruckt, dass es hier eine solch außergewöhnliche Flüssigkeit gab.

Wer war der jugendliche Konstrukteur?

Aus einem Holzstück hat der junge Samuel Colt (1814–1862) den Prototyp eines Revolvers geschnitzt, der sich durch besondere Stabilität und Präzision auszeichnete. Die Waffe erlangte weltweite Verbreitung, zunächst aber wurden mit ihr die Mexikaner aus Texas und die Indianer von der Prärie vertrieben. Sam Colt schuf einen Industriebetrieb mit Serien- und Massenproduktion, und das 50 Jahre vor Bruder Henry Ford. Sein Leben verlief wie im Märchen, vom Schiffsjungen zum Millionär. Während des amerikanischen Bürgerkrieges belieferte er beide Armeen. Er hat den Revolver zwar nicht erfunden, aber das erste brauchbare Modell konstruiert.

Für Colts Revolver benötigte man nur eine Hand, den Daumen zum Spannen und den Zeigefinger für den Abzug. Man konnte, anders als mit einem Gewehr, zugleich reiten und schießen. Colt war ein Bär von einem Mann, aber er hat sich durch einen exzessiven Lebenswandel früh zugrunde gerichtet. Im Alter von 47 Jahren ist er gestorben, man spricht von Gicht und rheumatischem Fieber.

Bruder Samuel Colt war Mitglied der »St. John's Lodge Nr. 4« in Hartford, Connecticut und bei mehreren amerikanischen Hochgradsystemen.

Wer war der Chef der amerikanischen Show?

William Frederick Cody (1846–1917) wurde unter seinem Künstlernamen »Buffalo Bill« weltbekannt. Mit 14 Jahren begann er als Postreiter, später war er Scout bei der Armee. Als er für die Fleischversorgung der Eisenbahnarbeiter in Kansas über 7.000 Büffel erlegte, bekam er seinen Spitznamen und wurde ein Volksheld. Danach wechselte er ins Showbusiness und ging ab 1883 mit einer Truppe von Cowboys, Indianern und Schauspielern auf Tournee. Er selbst produzierte sich als Kunstschütze und war ein treffsicherer Meister mit seinem Revolver der Firma Colt. Ganze Schlachten wurden im Programm von »Buffalo Bill's Wild West« nachgestellt, gleichzeitig führte er eine Wanderausstellung mit. Seine Truppe lebte in einer eigens aufgebauten Zeltstadt mit Wigwam, Feldküche und Squaws. Bei dem Gastspiel in Wien lernten die Amerikaner ein besonderes »gelbes Wasser« kennen und schätzen: den Wiener Heurigen.

Bruder William F. Cody war Mitglied der »Platte Valley Lodge Nr. 32« in Nebraska. Am 16. Januar 1917 ist er gestorben. Er wurde mit masonischem Zeremoniell in Colorado begraben, allerdings erst am 3. Juni, da ein Mausoleum in den Bergen gebaut wurde. Bis dahin hat man den balsamierten Leichnam in einer Kühlkammer aufbewahrt.

Der erste Medienstar des 20. Jahrhunderts

33 Stunden saß er in einem Korbstuhl, dann holte er ein Sandwich unter dem Sitz hervor und hat erstmals wieder etwas gegessen. 30 Minuten später war er das Idol einer Nation, ja der gesamten zivilisierten Welt. Was war geschehen? Der 24 Jahre alte Mann hatte ein Preisausschreiben gewonnen. 25.000 Dollar waren von einem Hotelbesitzer als Prämie ausgesetzt für denjenigen, der direkt und ohne Unterbrechung von einer Stadt in Amerika zu einer Stadt am europäischen Festland gelangen könnte.

Als unser junger Mann das geschafft hatte, wurde sein Leben ein anderes. Vorher war er bei einer privaten Postzustellfirma beschäftigt und musste sich das Geld für sein Abenteuer bei den Geschäftsleuten in St. Louis ausleihen. Nach diesem Ort benannte er daher auch seine Maschine. Als er zurückkehrt, gibt es eine Konfetti-Parade auf dem Broadway in New York, er wird der meistfotografierte Mensch auf Erden, und er hat keine materiellen Sorgen mehr.

Fünf Jahre nach seiner spektakulären Einzelaktion steht er im Mittelpunkt eines Kriminalfalles. Rundfunkprogramme werden unterbrochen, Titelseiten neu gesetzt. Es beginnt eine der größten Verbrecherjagden der Geschichte, der amerikanische Kongress beschließt ein Gesetz, wonach eigens für das begangene Delikt die Todesstrafe eingeführt wird. Nach zwei Jahren wird ein Verdächtiger gefasst und in einem Indizienprozess verurteilt.

Im Zweiten Weltkrieg spricht sich unser gesuchter Mann, noch immer der Held der Nation, gegen den Kriegseintritt der USA aus und wird von Präsident (Br:.) Franklin Delano ROOSEVELT als Defaitist bezeichnet. Durch enge Kontakte zu deutschen Nationalsozialisten und antisemitische Äußerungen ruiniert er jedoch seinen Ruf. Dennoch gewinnt er 1954 für seine Autobiographie den PULITZER-Preis.

Wer war dieser Mann, der vom Idol zur tragischen Figur wurde?

Bruder Charles Augustus LINDBERGH (1902–1974) startete am 20. 5. 1927 in New York als einfacher Postflieger und landete nach 33 Stunden und 30 Minuten in Paris als Volksheld. Der erste Atlantikbezwinger im Alleinflug wurde über Nacht das Idol seiner Nation, ein gefeierter Staatsgast in aller Welt und der erste Medienstar des Jahrhunderts. Doch dann stürzte Charles LINDBERGH in seinem weiteren Lebenslauf ab und wird zur tragischen Figur: bemitleidet nach der Entführung und Ermordung seines Sohnes, verachtet wegen seiner Sympathie für die Nazis, verspottet als Naturschützer und Friedensstifter. Bemerkenswert ist allerdings seine Aussage von 1964: »Im Zweifelsfall sind Vögel wichtiger als Flugzeuge.«

Ein Jahr vor seinem Atlantikflug wurde Bruder Charles A. LINDBERGH in St. Louis in die Keystone Lodge No 243 aufgenommen. Sein Flugzeug nannte er SPIRIT OF ST. LOUIS, am Rumpf war das Emblem seiner Loge angebracht. Auf seiner Jacke trug er als Anstecker Winkelmaß und Zirkel als Glücksbringer. Später erhielt er zahllose maurerische Ehrengeschenke von Logen aus der ganzen Welt. All dies ist jetzt im Jefferson Memorial in St. Louis ausgestellt. Bruder LINDBERGH starb auf Hawaii und wurde dort begraben: bekleidet mit einem Khakihemd und einer Baumwollhose. Kein Gürtel, keine Schuhe, aus ökologischen Gründen. Zu seiner Beerdigung kamen 15 Personen.

Ein Tierfreund auf Reisen

Ab 1813 wirkte in einem kleinen Dorf in Thüringen ein Landpastor, der intensiv seinem Hobby und seinen privaten Studien nachging, nämlich der Vogelkunde. Das Pfarrhaus machte eher den Eindruck eines Vogelhauses mit angeschlossenem Museum als der Wirkungsstätte eines Geistlichen. Zahllose Waldvögel und anderes Kleingetier wurden sorgsam gepflegt, beobachtet und beschrieben. Dieser Pastor war einer der Begründer der wissenschaftlichen Vogelkunde in Deutschland. Seine Söhne, die der naturkundliche Geistliche selbst unterrichtete, wuchsen mit offenem Blick für die Tier- und Pflanzenwelt auf, schon im kindlichen Alter waren sie eifrige Helfer des Vaters. Der 1829 geborene zweite Sohn, Alfred Edmund, sollte ein weltbekannter Forscher und Schriftsteller werden. Als 14-Jähriger hatte er jedoch ganz andere Berufsabsichten. Er wollte Architekt werden und begann eine theoretische und praktische Ausbildung für das Baufach. Doch es kam ganz anders. Eine glückliche Verkettung von Umständen ermöglichte es dem jungen Mann, im Gefolge eines adeligen Freundes seines Vaters, eines leidenschaftlichen Jägers und Vogelsammlers, 1847 nach Ägypten zu reisen. Es wurde keine Reise, sondern eine fünf Jahre dauernde Expedition von den Randgebieten der libyschen Wüste bis zur Halbinsel Sinai, von Kairo bis Nubien und zu den Quellen des Nil. Nach zwei Jahren hatte der nun 20-jährige Alfred Edmund die Leitung des Unternehmens übernommen, er lernte Arabisch sowie die regionalen Dialekte und kehrte schließlich mit einer riesigen zoologischen Sammlung an lebenden und toten Tieren nach Europa zurück. In Jena und Wien studierte er Naturwissenschaften, im Besonderen Zoologie. Nach seiner Promotion zum Dr. phil. wandte er sich in erster Linie dem Leben der Tiere zu und verstand es, mit seinen erlebnisreichen, gemeinverständlich geschriebenen Schilderungen des Tierlebens die Liebe der Menschen zu den Tieren zu wecken. Obwohl es ihm mehrfach angeboten wurde, hat er kein akademisches Lehramt an einer Universität angenommen, denn er war für die trockene Gelehrsamkeit einer Hochschule nicht geschaffen. Statt dessen wurde er mit 34 Jahren Leiter des zoologischen Gartens in Hamburg, und vier Jahre später gründete er das weltberühmte Berliner Aquarium. Seine Reisen führten ihn von Spanien bis Lappland und von Abessinien bis Sibirien. Zahllose populäre Vorträge hat er in Europa und auch in Nordamerika gehalten, viele Privatschüler wurden von ihm unterrichtet. Bis in alle Schichten der Bevölkerung drang sein Name als Herausgeber eines mehrbändigen Werkes über das Leben der Tiere. Sein Name steht synonym für sein Werk.

Wer war dieser Tierfreund?

Bruder (Dr.) Alfred Edmund BREHM (1829–1884) ist nur 55 Jahre alt geworden, hat aber ein gigantisches Werk hinterlassen. Neben Aufsätzen, Zeitungsartikeln und Reiseberichten veröffentlichte er zwischen 1864 und 1869 das sechsbändige Werk »Illustriertes Thierleben. Eine allgemeine Kunde des Thierreiches«. Zehn Jahre später erschien die zweite Auflage mit nun schon zehn Bänden. Dadurch wurde BREHM zum bedeutendsten zoologischen Sachautor des 19. Jahrhunderts, seine Bücher waren Bestseller. In seinen Reiseschilderungen aus Nordostafrika gebrauchte er immer wieder arabische Formulierungen. Die vergleichende Literaturwissenschaft hat herausgefunden, dass Karl MAY, der ja selbst nicht Arabisch konnte, viele Ausdrücke und Satzkonstruktionen für seine Orientromane aus den Schriften BREHMS entnommen hat.

1873 ist BREHM anlässlich der Wiener Weltausstellung mit dem österreichischen Kronprinzen RUDOLF bekannt geworden.

Das gemeinsame Interesse an der Vogelkunde hat die beiden Männer zusammengeführt, sie verstanden sich ausgezeichnet, und BREHM widmete die beiden Vogelbände der 2. Auflage des »Thierlebens« dem österreichischen Thronfolger. Auch wurden einige Texte von RUDOLF in das Werk aufgenommen. Dass ein Habsburger-Prinz an BREHMS Tierleben mitarbeitete, hat der kaiserlichen Administration gar nicht gepasst.

Bruder Alfred Edmund BREHM wurde 1861 in Leipzig in die Loge »Apollo« aufgenommen. Vielfach wird spekuliert, er hätte auch Kronprinz RUDOLF zur Freimaurerei gebracht. Dafür fehlt allerdings jeglicher Beweis. Es kam nur am Wiener Hof zu einem Skandal, als RUDOLF sich offen zur DARWINschen Evolutionslehre bekannte.

Der Name von Bruder BREHM steht für Naturverbundenheit und Tierliebe, und damit für eine humane Gesinnung. Gerade jetzt ist dies als Gegenkraft zur fortschreitenden Technisierung und Zerstörung unserer Umwelt noch viel nötiger als zu BREHMS Lebenszeit. Bruder BREHM ist, früh verbraucht, an einem Nierenleiden gestorben.

Völlig unterschiedliche Soldaten

Es mag vielleicht erstaunen, aber in den Kolonnen der Freimaurer standen auch viele Militärs. Beispielhaft nenne ich nur die Namen der Brüder WELLINGTON, NELSON, WASHINGTON, MACARTHUR und Mark CLARKE.

In diesem Kapitel geht es uns um zwei charakterlich und in ihrer Lebensführung völlig unterschiedliche Typen, einen Deutschen und einen Franzosen, deren Armeen sogar gegeneinander kämpften.

Der Deutsche

Als Sohn eines Bauern sollte er Bauer werden. Aber schon als Knabe regte sich bei ihm die Liebe zum Militär. Er besuchte die berühmte Militärschule in Wilhelmstein, wurde mit 23 Jahren Fähnrich und dann selbst Lehrer an einer Regimentskriegsschule. Der junge Mann war ein völlig neuer, für die damalige Zeit ungewöhnlicher Soldatentyp, ein Theoretiker.

»Wachdienst, Parade und Montierung revidieren, das bildet keinen Offizier, und im Manöver lernen bestenfalls die Generäle etwas.« Auch meinte er, im Krieg kaum etwas dazulernen zu können. Er ist auch für das blutige Handwerk an der Front nicht geschaffen: »Ohne Schwierigkeit ertrage ich Gefahr, aber der Anblick der unschuldigen, jammernden Menschheit im Blute neben mir, das Feuer der brennenden Dörfer, von Menschen zum Vergnügen angelegt, die übrigen Gräuel der allgemeinen Verwüstung bringen mich in Wut. Gott, was ist das für ein Leben! Alles beim Militär ist Verrohung. Der Mensch ohne Bildung ist doch nur ein grausames Tier.«

Mit 24 Jahren fand er zur Freimaurerei. Beruflich hat er erkannt, dass nicht die Führung einer Truppe seine Sache sei, sondern die Entwicklung der Strategie und die Organisation. Er übernimmt die Reform der preußischen Armee, es wird mit wechselndem Erfolg gegen Napoleon gekämpft, und erst während der Befreiungskriege setzt sich das von ihm geschaffene System durch. Er selbst lehnt den Oberbefehl über die Armee ab, wurde in der ersten Entscheidungsschlacht bei Leipzig verwundet und starb eineinhalb Monate später, am 28. Juni 1813, an den Folgen dieser Verletzung.

Der Franzose

Der Sohn eines Gastwirtes, unbegütert und bürgerlich, sollte zu höchsten Würden aufsteigen. Dies verdankte er der treuen Ergebenheit zu seinem Chef, den er bei einem entscheidenden Wendepunkt seiner schwindelerregenden Karriere tatkräftig unterstützte. Es war der 18. und 19. Brumaire 1799, also gegen Ende der Französischen Revolution. Frankreich brauchte einen »starken Mann« und fand ihn in General Napoleon. Dessen Machtergreifung war nichts anderes als ein Staatsstreich. Der Gastwirtsohn war inzwischen sein Chefadjudant geworden und ist mit seinen Truppen in den Versammlungssaal der Abgeordneten einmarschiert. Das gab den Ausschlag, Napoleon wurde erster Konsul und sein Adjudant General. Ein Jahr später hat er Caroline, die Schwester Napoleons geheiratet. Als Kavalleriekommandeur ist er bei vielen Schlachten, auch beim Russlandfeldzug, dabei, karrieremäßig erhält er zunächst ein Großherzogtum am Rhein, dann wird er König von Neapel. Die administrative Führung dieser Herrschaften übernimmt weitgehend seine Frau, da der General immer wieder Napoleon für militärische Einsätze zur Verfügung stehen muss. Als das europäische Reich Napoleons und seiner Verwandten zusammenbricht, wechselt der General die Fronten und stellt sich gegen seinen Schwager. Sobald dieser aus dem kurzen Exil in Elba wieder zurückkehrt, ist der General aber neuerlich auf seiner Seite. Er wird in Italien gefangen genommen, vor ein Kriegsgericht gestellt und am 13. Oktober 1815 erschossen.

Wer war der deutsche Militärtheoretiker?

Gerhard Scharnhorst (1755–1813) wurde in Hannover geboren und ist trotz aller Schwierigkeiten, die man ihm in den Weg legte, ein Preuße geworden. Das erste Hindernis für die Karriere dieses außerordentlichen Militärtheoretikers war, dass seit Friedrich dem Grossen nur der Adel zum Offiziersstand zugelassen war und diese Tradition noch immer bestand. Scharnhorst hat sich daher, als er in die preußische Armee berufen wurde, die Verleihung des Adels ausbedungen und wurde akzeptiert. Er gab nicht nur ein mehrbändiges Handbuch der militärischen Wissenschaften heraus, sondern reformierte auch in der Praxis die friderizianische Armee: Von den Generalstabsoffizieren wurde eine Ausbildung verlangt, das Adelsprivileg hat er abgeschafft, Landwehr und schließlich die allgemeine Wehrpflicht eingeführt. Besonders schlau umging er nach der Niederlage Preußens gegen Napoleon die festgesetzte Höchststärke der verbliebenen Truppe. Er ließ Rekruten ausbilden und vorzeitig wieder entlassen, danach kam die nächste Partie. So schuf Scharnhorst trotz Beschränkung eine Reservearmee von nicht weniger als 150.000 Mann.

1779 wurde Bruder Scharnhorst in Göttingen in die Loge »Zum goldenen Zirkel« aufgenommen. Als er 1801 nach Berlin kam, trat er in die Loge »Zum goldenen Schiff« ein. Während seiner gesamten Laufbahn waren die Ideale, nach denen er strebte, Wahrheit, Freiheit, Vorurteilslosigkeit und soziale Gerechtigkeit. Darin steckt viel maurerische Gesinnung.

Wer war der Marschall und König von Napoleons Gnaden?

Joachim MURAT (1771–1815) war ein Haudegen, ein draufgängerischer Soldat. Entgegen aller Vorschriften trat er gerne in Fantasieuniformen mit Goldlitzen und Federbüschen auf, behängt mit Schmuck und Orden. Daher wurde er auch als der »Zirkusdirektor der Armee« verspottet. Als MURAT sich als Steigbügelhalter für NAPOLEONS Konsulat bewährt hat, wird er in den Familien-Clan aufgenommen und bewährt sich weiter. Gemeinsam mit seiner Frau ist er als König von Neapel ein fähiger Herrscher: Die Gerichtsbarkeit wird geregelt, die Feudalherrschaft durch die Souveränität des Staates abgelöst, die Kirchengüter werden eingezogen. Er war beliebt in seinem Reich, lehnte aber die Forderung nach einer Verfassung ab. Bei den Tumulten am Ende der Herrschaft von NAPOLEON schwankte er hin und her, das kostete ihn schließlich das Leben.

Wann Bruder MURAT in den Freimaurerbund aufgenommen wurde, ist unbekannt. Dokumentarisch scheint er 1803 als Großaufseher des Großorients von Frankreich auf, 1805 war er Großkanzler des Großorients von Italien und 1808 als König Großmeister der Großloge von Neapel. Sein Sohn Lucian Napoleon Charles wurde 1852 Großmeister des Großorients von Frankreich.

Einige von vielen Musikern

Zwischen Freimaurerei und Musik gab es schon immer eine kreative Wechselbeziehung. Dies rührt sicherlich daher, dass unsere Logen-Arbeiten ja nicht nur Verstand und Vernunft herausfordern, sondern auch Emotionen und Empfindungen geweckt werden, welche die Seele ansprechen. Dabei kommt der Musik eine besondere Bedeutung zu. Es ist daher nicht verwunderlich, dass sich in unseren Reihen zahlreiche Musiker finden. In England entstand bereits 1725 eine freimaurerische Gesellschaft, »Philo Musicae et Architecturae Societas Apollini«, welche unter der Leitung des Komponisten und Geigenvirtuosen Bruder Francesco Xaverio Geminiani (1679–1762) Konzerte veranstaltete. Es entwickelte sich jedoch daraus eine ausschließliche Musiker-Loge, die deshalb in Konflikt mit der Großloge geriet und für irregulär erklärt wurde.

Die Leser erfahren im Folgenden von drei regulären Freimaurern, die als Komponisten Weltruhm erlangten und auch Ritualmusik schrieben:

Carl L. wurde 1796 bei Halle geboren. Er begann seine musikalische Laufbahn als protestantischer Kirchenorganist, später wurde er Musiklehrer und städtischer Musikdirektor in Stettin. Dort trat er auch dem Freimaurer-Bund bei. Sein Hauptwerk war die Vertonung von Balladen, z. B. »Prinz Eugen« oder »Die Uhr«. Diese, sowie zahlreiche maurerische Kompositionen hat er bei Konzerten im Logen-Haus vorgetragen. Durch ihre leichte Singbarkeit erlangten seine Lieder eine ungeheure Popularität.

Albert L. stammte aus einer Schauspielerfamilie in Berlin, in der Musik war er Autodidakt. 1828 wurde seine erste Oper, »Ali Pascha«, uraufgeführt. Ab 1846 leitete er das Theater an der Wien, aber die Revolutionsstürme des Jahres 1848 vertrieben ihn wieder von hier. Er war das geborene Bühnengenie und begründete die Gattung des Singspiels. Fast alle Libretti seiner zahlreichen Opern schrieb er selbst, so auch »O sancta justitia! Ich möchte rasen …« oder »Heil sei dem Tag, an welchem Du bei uns erschienen …« aus seinem wohl bekanntesten Werk.

Jean S. wurde 1865 in Hämeenlinna geboren. Er entstammte einer Familie der schwedischen Minderheit in Finnland. Anstatt der teuren schwedischen Schule in Helsinki besuchte er das örtliche finnische Gymnasium und fühlte sich fortan als Finne. Er absolvierte das Konservatorium und studierte mittels Auslandsstipendien in Berlin und Wien. Später wurde er Schöpfer einer nationalen finnischen Musik, vor allem die Orchestersuite »Finnlandia« festigte seinen Ruhm in der Heimat. Als er von der finnischen Regierung eine Lebensrente erhielt, gab er seine Tätigkeit als Musikpädagoge auf, um sich ganz der Komposition widmen zu können. Seine freimaurerische Musik wird heute noch vielfach aufgeführt und ist auf Tonträgern erhältlich.

Wer waren diese drei musizierenden Brüder?

Bruder Carl Loewe (1796–1869) war der klassische deutsche Balladenkomponist. Nach einigen Jahren Theologiestudium wechselte er ganz zur Musik. Mit einer vorzüglichen Stimme begabt, trug er seine Gesangstücke selbst vor. 1829 wurde er in Stettin in die Loge »Zu den drei Zirkeln« aufgenommen. Seine Logenkonzerte waren zu ihrer Zeit berühmt und viel besucht. Er hat etwa 30 maurerische Musikstücke komponiert, vorwiegend Quartette. Sein heute noch bekanntestes Lied, »Die Uhr« (Text von J. G. Seidl), wurde erstmals im Bruderkreise vorgetragen. Bruder Loewe starb an einem Schlaganfall, er wurde in Kiel bestattet. Gemäß seiner persönlichen Bestimmung hat man sein Herz neben der Orgel von St. Jacob in Stettin eingemauert.

Buder Albert LORTZING (1801–1851) begleitete als Schauspieler und Sänger das Bühnenwanderleben seiner Eltern. 1843 wurde er Dirigent am Stadttheater von Leipzig. Seine heute noch populärste Oper ist »Zar und Zimmermann« aus 1837. Seine letzten Lebensjahre waren in Berlin von Existenzsorgen verdüstert, manchmal hatte er nicht einmal genug zu essen. Bruder LORTZING wurde 1826 in Aachen in die Loge »Zur Beständigkeit und Eintracht« aufgenommen, später affiliierte er in Leipzig zur Loge »Balduin zur Linde«. Aus Anlass des hundertjährigen Stiftungsfestes der Leipziger Loge »Minerva zu den drei Palmen« komponierte er 1841 eine Jubelkantate.

Bruder Jean SIBELIUS (1865–1957) ist 1923 in die Loge »St. Augustin« in Helsinki aufgenommen worden. Sein Opus 113 aus dem Jahre 1927 trägt den Titel »Masonic Ritual Music«, ist für Männerstimmen sowie Klavier oder Orgel ausgelegt und stellt eine Begleitmusik für die rituellen Arbeiten der drei Johannisgrade dar. Im Jahre 1935 schenkte die Großloge von Finnland diese für sie komponierte Musik »in Freundschaft und brüderlicher Liebe« der Großloge von New York als Zeichen des Dankes für die Unterstützung bei der eigenen seinerzeitigen Großlogen-Gründung. 1965 ist in New York im 6. Distrikt der Großloge (Manhatten) eine Loge mit dem Namen »Sibelius Lodge« gestiftet worden. Viele Mitglieder stammen aus Familien, die von Finnland in die USA eingewandert sind.

Eine Reise nach Paris

Es ist ein faszinierendes Paradoxon des 18. Jahrhunderts, dass das Zeitalter der Aufklärung gleichzeitig auch das Zeitalter der Geheimbünde war. Im Zentrum dieser Organisationen stand immer die Freimaurerei, allerdings aufgesplittert in unterschiedliche Systeme, Entstehungslegenden und Interessen. Ganz im Gegensatz zu heute bargen die Geheimgesellschaften ein enormes politisches Potential. Der Versuch, Politik zu betreiben, fand vor allem in den Ordenskapiteln der Hochgradsysteme statt. Alles artete jedoch in ein Verwirrspiel sondergleichen aus, da Doppelmitgliedschaften, Querverbindungen, Positionswechsel und die Absplitterung von Kleingruppen keine Übersicht zuließen. Nach Ausbruch der Französischen Revolution wurde von klerikal-konservativer Seite sofort die Freimaurerei als treibende Kraft »entlarvt«. Die Verschwörungstheorie entstand. Als wesentliches Ereignis einer internationalen Konspiration wurde die geheime Reise eines hochkarätigen deutschen Freimaurers im Jahre 1787 nach Paris angesehen. Dabei, so sagte man, sei die Lunte angezündet worden, die zwei Jahre später zur revolutionären Explosion in Frankreich führte. Die Argumentation war einfach: »Eine Bruderschaft, die unter Personen von verschiedenen Ständen eingegangen wird, hat kein Verhältnis zu der hierarchischen Ordnung, welche Gott zur guten Leitung der Welt eingesetzt hat, und daher folgt unnachlässlich der Umsturz des weltlichen und geistlichen Systems.« Vor allem der progressiv-rationalistische Illuminatenbund wurde beschuldigt. Ein bayerischer Aristokrat brachte die Meinung mancher konservativ-adeliger Kreise auf den Punkt: »Ich kann nicht begreifen, wie ein Edelmann Illuminat werden konnte, wenn er nach dem Gesetz des Ordens zum Schuster und Schneider Bruder sagen musste.«

Welcher deutsche Freimaurer hat die geheime Reise nach Paris unternommen?

Johann Joachim Christoph BODE (1730–1793) war eine der rührigsten Persönlichkeiten im Wirrwarr der Geheimbünde der zweiten Hälfte des 18. Jahrhunderts. Mit Bruder LESSING betrieb er in Hamburg eine Buchhandlung und einen Verlag, mit Bruder Matthias CLAUDIUS gründete er eine Zeitschrift, den »Wandsbecker Boten«. 1761 wurde BODE in die Hamburger Loge »Absalom« aufgenommen. Die Loge trat 1765 der Strikten Observanz bei und erweiterte ihren Namen in die noch heute gebräuchliche Form »Absalom zu den drei Nesseln«. Damit war BODE in einem geheimen Hochgradsystem und wurde Procurator generalis der Ordensprovinz Niederdeutschland. 1782 wurde er durch Bruder Freiherr von KNIGGE abgeworben und der Konkurrenz, d. h. den Illuminaten, zugeführt. Ab 1785 war er de facto Chef dieses Ordens. Auch in Frankreich existierten zu dieser Zeit miteinander im Wettstreit liegende Hochgradsysteme. Neben der Loge »Les Neuf Sœurs«, dem Forum der radikalen literarischen Aufklärung, war die zweitgrößte Loge »Les Amis Réunis«, ein Versammlungsort der Staatsbeamten, Finanz- und Wirtschaftsunternehmer sowie hoher Militärs. In dieser Bauhütte war die weltlich-materielle Macht versammelt. Dorthin fuhr BODE bei seiner geheimnisvollen Reise nach Paris zwischen dem 1. Mai und dem 27. August 1787. Überdies kam er mit den »Philalethen«, den Freunden der Wahrheit, in Kontakt. Dort waren für BODE die richtigen Gesprächspartner, denn auch er war um eine Entwirrung der verschiedenen Orden bemüht. Seine Tätigkeit in Paris war, das Illuminatentum bekannt zu machen und führende französische Freimaurer persönlich aufzunehmen. Die Französische Revolution hat er dadurch nicht ausgelöst. Die Verschwörungstheorie ist für die meisten maurerischen Geschichtsforscher längst widerlegt.

Ein russischer Mythos

Die gesuchte Person wurde 1811 in den ersten Jahrgang der Internatsschule von Zarskoje Selo aufgenommen. Nach dem Vorbild der napoleonischen Lycées und der englischen Colleges hatte der Zar hier eine Eliteanstalt gegründet, »um junge Leute aufzunehmen, die zu den höchsten Würden des Staates berufen und aus den begabtesten Söhnen der großen Familien ausgewählt sind«. Das heranreifende Genie wird in dem Jungen bald erkennbar, er bekommt die Spitznamen »Quecksilber« wegen seiner ständigen Aktivität und »Franzose«, da er fast alle französischen Klassiker auswendig deklamieren konnte. Schon während der Schulzeit begann er zu dichten, er wurde zum literarischen Wunderkind. Direkt aus der Schule ist der junge Mann 1817 in den Staatsdienst übernommen worden. Seine politischen Gedichte und Epigramme, vor allem die Ode »Freiheit«, erregten Aufsehen. Solche Wünsche durfte man damals nicht öffentlich äußern:

»Nimm, Muse, deinem sanften Sohn
Den Kranz! Die Leier lass zerspringen,
Das Lied der Freiheit will ich singen!
Das Laster treffen auf dem Thron!«

In einem Land, wo die Mehrzahl der Bevölkerung aus Leibeigenen bestand, war ein solches Gedicht nahe am Hochverrat. Da die freie Meinungsäußerung brutal unterdrückt wurde, entstanden Geheimgesellschaften wie der »Wohlfahrtsbund«.

Unser junger Dichter konnte seine Sympathien nicht geheim halten und wurde deshalb in die Provinz verbannt. So kam er nach Kisinev, wo er in den Freimaurerbund aufgenommen wurde. Er schrieb freimaurerische Lyrik, die dramatische Miniatur

»Mocart i Sal'eri« sowie zahlreiche heute sehr bekannte Werke. Nach Aufhebung der Verbannung lebte er als freier Schriftsteller in Moskau und St. Petersburg. 1825 verbrachte er längere Zeit auf dem Landgut seiner Mutter in Michailowskoje südlich von Moskau. Er wird daher nicht direkt in den Dekabristenaufstand gegen das Zarenregime verwickelt. Man verhaftet ihn zwar, lässt ihn aber wieder laufen, doch er wird im Weiteren polizeilich überwacht. In einem Privatbrief schreibt er: »Ich war Freimaurer in der Loge von Kisinev, das heißt in der, derenthalben alle Logen in Russland verboten wurden. Schließlich habe ich mit dem größten Teil der jetzigen Verschwörer in Verbindung gestanden.« 1831 heiratete er Natalja Gontscharowa, die schönste Frau am Hofe von St. Petersburg, und das ging schlecht aus. Natalja wird umschwärmt, vor allem der französische Offizier Georges d'Anthes macht ihr den Hof; schließlich heiratet er jedoch ihre Schwester und wird damit der Schwager unseres Dichters. Gesellschaftliche Intrigen führten zur Eskalation und schließlich zum Duell der beiden Männer. Der Dichter wurde am 27. Januar 1837 durch einen Bauchschuss schwer verletzt und starb zwei Tage später.

Nikolaj Gogol, Ivan Turgenev und Fjodor M. Dostojewskij halten Nachrufe auf den »Goethe des Ostens«, den Begründer der modernen russischen Literatur.

Wer war dieser russische Dichter und Freimaurer?

Aleksandr Puškin (1799–1837) wurde in Moskau geboren und entstammte einer alten Adelsfamilie. Sein Vater und sein Onkel waren Freimaurer, er selbst wurde am 4. Mai 1821 in die Loge »Ovidij« in Kisinev (Südwestrussland) aufgenommen. Sofort schreibt er ein Widmungsgedicht an den Meister vom Stuhl:

»… Du wirst den Hammer in die Hand nehmen
und herausrufen: Freiheit!
Ich preise Dich, oh wahrer Bruder!
Oh Du Maurer, ehrwürdiger!
Oh Kisinev, oh düstere Stadt!
Feiere ihn – durch ihn aufgeklärt …«

In den deutschen Übersetzungen wird oft der freimaurerische Inhalt verschleiert, einige Beispiele sollen die masonischen Bezüge in PUŠKINS Werk andeuten. »Evgenij Onegin« wird als »farmazon« vorgestellt, das ist die alte russische Bezeichnung für »Freimaurer«. In dem Zweiakter »Mocart i Sal'eri« wird (leider) die Vergiftungslegende propagiert und SALIERI zum Bruder gemacht. »Pikovaja dama« beinhaltet viele Anspielungen auf das freimaurerische Ritual, so die Bewahrung der Geheimnisse, Zahlensymbolik (3–7–1), Kerzen, Rosen sowie die Symbolik des »Stirb und werde«. Alles in allem war PUŠKIN ein Dichter, der die Freimaurerei in seinem Werk auch in schwierigen Zeiten nicht verleugnete.

Ursprung und Frühgeschichte der Freimaurerei in Russland sind historisch nicht belegt. Die Annahme, PETR I. (Peter der Große, 1672–1725) sei während seines Aufenthaltes in den Niederlanden eingeweiht worden, ist Legende. Früheste Logen-Gründungen sind um 1740 wahrscheinlich, initiiert durch in Russland ansässige Ausländer (Franzosen, Engländer, Deutsche). Erst mit dem Regierungsantritt EKATERINAS II. (1729–1796) wurde ab 1762 ein freimaurerisches Leben in Russland bemerkbar. Die Angst vor den Auswirkungen der Französischen Revolution ließ jedoch die Zarin 1797 verkünden, dass sie die Zusammenkünfte der Freimaurer nicht gerne sehe. Unter ALEKSANDR I. (1777–1825) wurden 1810 die Logen offiziell erlaubt, in den Vordergrund traten die in französischer Sprache arbeitende

»Les Amis Réunis« und die deutschsprachige »Alexander zum gekrönten Pelikan«. Treibende Kräfte der russischen Freimaurerei waren die aus den Befreiungskriegen gegen Napoleon heimgekehrten Offiziere. Die freimaurerische Blüte in Russland dauerte nicht viel länger als zehn Jahre, denn am 1. 8. 1822 kam das totale Verbot. Die Gründe dafür sind nicht geklärt, Puškin selbst sprach von den politischen Ambitionen der Freimaurer als Keimzelle der Dekabristen.

Väter und Söhne

Die Vater-Sohn-Beziehungen gestalten sich manchmal schön, manchmal schwierig – wir wissen das. Was die Freimaurerei betrifft, so gibt es kaum etwas Erfreulicheres als das Gefühl eines Vaters, der einen aufgeschlossenen Sohn der Bruderschaft zuführen kann. Jedoch gibt es in der Dreiecksbeziehung Vater-Sohn-Freimaurerei vier verschiedene Varianten, von welchen beispielhaften Vertretern ich hier erzählen will.

1. Vater bringt Sohn

Der Vater war sein Bürge, als der 26-jährige Sohn 1815 in die damals berühmteste Loge Deutschlands aufgenommen wurde. Es war dies zugleich die letzte rituelle Arbeit, an welcher der Vater teilgenommen hat. Künftig hat der Sohn für ihn Botschaften an die Loge überbracht und umgekehrt über die Vorkommnisse zu Hause berichtet. Der Sohn blieb 15 Jahre Freimaurer, er starb 1830 nach einem verpfuschten Leben in Rom. Der Vater gilt als einer der berühmtesten Freimaurer der Geschichte.

2. Sohn bringt Vater

Der pervertierte, jeder Freundschaft und Geselligkeit zugewandte Sohn ist mit 28 Jahren in Wien dem Bund beigetreten. Der Vater lebte in einem anderen Land und war als Angestellter vom dortigen Fürsten vollkommen abhängig. Während eines mehrmonatigen Besuches bei seinem Sohn ist er von diesem der Freimaurerei zugeführt worden. Der hochgebildete, welterfahrene Vater wusste genau, was er tat, es war keine Zufalls- oder Verlegenheitsgeschichte. Der Sohn war bei der Rezeption, Beförderung und Erhebung des Vaters anwesend. Nach dem Abschied des Vaters haben sich die beiden nie mehr gesehen.

3. Vater bringt Sohn nicht

Der Vater war ein überzeugter Freimaurer, stieß aber bei seiner großen Familie auf keinerlei Verständnis. Von seiner Frau, die das Sagen hatte, wurde jeglicher Logen-Besuch verboten. Nur eine blitzgescheite, durch Krankheit aber verunstaltete Tochter hat später, als sie die Familie bereits verlassen hatte, die Ideen der Freimaurerei verstanden und unterstützt. Dazu kam noch ein Schwiegersohn, der Freimaurer war. Der erste wie auch der zweite Sohn, die nacheinander die Nachfolge des Vaters antraten, standen der Freimaurerei misstrauisch gegenüber. Manchmal wird in Geschichtsbüchern geschrieben, sie seien Freunde der Freimaurerei gewesen. Das ist falsch! Sie haben die Freimaurerei manipuliert und ließen sie überwachen. Sie konnten das sehr leicht, denn beide Herren waren schließlich Kaiser.

4. Sohn bringt Vater nicht

Der Vater war Arzt, seinen Namen kennt jeder. Der Sohn war Diplomat und Bibliothekar und wird regelmäßig mit dem Vater verwechselt. Es wird immer wieder behauptet, der Vater sei Freimaurer gewesen: Wir haben keinerlei Beweis dafür. Auch ist es deshalb sehr unwahrscheinlich, da seine Chefin strikt dagegen war. Der Sohn war ein enger Freund und Förderer der Familie Mozart, nach dem Tod von Wolfgang Amadé hat er dessen Begräbnis organisiert.

Wer waren die Väter und Söhne?

1. Der Vater Johann Wolfgang von Goethe war mit 31 Jahren in die Weimarer Loge »Amalia zu den 3 Rosen« aufgenommen worden. 35 Jahre später brachte er seinen Sohn August (1789–1830) in dieselbe Loge. Wie aus den Ta-

gebuchaufzeichnungen hervorgeht, hat dieser dem Vater über jede Logenzusammenkunft Bericht erstattet. Urteilt man nach den Präsenzlisten, so war GOETHE senior kein eifrig besuchender Freimaurer. Aber er war der größte Deutsche, der jemals den Schurz getragen hat. Dass sein Sohn im Leben derart versagt hat, ist ihm sicherlich sehr nahe gegangen.

2. Leopold MOZART (1719–1787) wurde 1785, also mit 66 Jahren, in Wien in die Loge »Zur Wohltätigkeit« aufgenommen. Es war dies jene Loge, in der auch sein Sohn war. Nach seiner Rückkehr in das selbstständige Fürsterzbistum Salzburg wurde er in Wien als »Ehrenmitglied« weitergeführt. Ob er je eine Arbeit der Salzburger Loge »Zur Fürsicht« besucht hat, wissen wir nicht. Wolfgang Amadé hat anlässlich der Beförderung seines Vaters das Lied »Gesellenreise« (KV 468) selbst an der Orgel vorgetragen.

3. Franz Stephan von Lothringen (1706–1765), als römisch deutscher Kaiser FRANZ I. STEPHAN, wurde 1731 in den Niederlanden von einer englischen Delegation in den Freimaurerbund aufgenommen. 1736 heiratete er MARIA THERESIA, eine engagierte Gegnerin der Freimaurerei. Daher besuchte FRANZ STEPHAN auch nie in Wien eine Loge. Seine Tochter MARIA ANNA förderte die Freimaurer in Kärnten, sein Schwiegersohn Albert Casimir von SACHSEN-TESCHEN war Mitglied einer deutschen Loge. Die Nachfolger von Kaiser FRANZ I. waren zunächst sein älterer Sohn, JOSEPH II., und dann sein jüngerer Sohn, LEOPOLD II.. Beide standen der Freimaurerei reserviert gegenüber, der Enkel, FRANZ II., verbot sie dann strikt.

Andere Beispiele: Den Vätern von Karl MARX sowie Karl Raimund POPPER ist es ebenfalls nicht gelungen, die Söhne für die Freimaurerei zu begeistern.

4. Der Vater, Gerard VAN SWIETEN (1700–1772), war der große Reformator der Wiener Medizinischen Schule und des Universitätswesens unter MARIA THERESIA. Es ist keinerlei Dokument bekannt, das eine Mitgliedschaft in der Freimaurerei belegt. Sein Sohn, Gottfried VAN SWIETEN (1734–1803), trat in den habsburgischen diplomatischen Dienst und war Gesandter in Brüssel, Paris, Warschau und Berlin. In Wien wurde er schließlich Präfekt der Hofbibliothek und Präses der Studien- und Bücherzensur. Sein Name steht in einer Illuminatenliste von 1783, seine Mitgliedschaft im Freimaurerbund ist sehr wahrscheinlich, allerdings nicht dokumentiert.

Ein alchimistisch-hermetisches Bauwerk

Im Zentrum stand ein Pavillon, und im Kreis um denselben wurden zwölf Abteilungen, »Logen« genannt, eingerichtet. Jede Loge war von der anderen mittels einer Mauer getrennt und von vorne durch ein hohes Gitter zu besichtigen. Am hinteren Ende jeder Loge befand sich ein Häuschen als Nachtquartier. Sechs dieser Gebäude sind noch heute erhalten, der Pavillon ist renoviert und beherbergt derzeit ein erstklassiges Restaurant. In der Mitte jeder Loge gab es ein Wasserbecken, entlang der Trennmauern wurden Baumreihen gepflanzt. Auf drei Straßen gelangte man in das Zentrum der Anlage. Diese Alleen wurden so geplant, dass ihr Grundriss ein Dreieck ergibt, an dessen Spitze sich der Pavillon befindet. Eine 13. Loge durchbrach die ringförmige Mauer sektorenförmig, hier befindet sich heute das Gebäude der Direktion dieser Anstalt. An dieser Stelle war ein unauffälliger Zugang möglich. Nimmt man einen Plan und verlängert die Seitenbegrenzung jener 13. Loge zur Mitte hin, so treffen sich die langen Linien im Zentrum des Pavillons: Dadurch entstehen die Umrisse eines Kometen oder einer Sternschnuppe mit dem Pavillon als Kopf und einem strahligen Schweif. Will und kann man sehen, so strotzt die Anlage von Symbolen.

Ein Kreis mit eingezeichnetem Mittelpunkt, wie sich der Gebäudekomplex im Grundriss darstellt, ist in der Alchemie das Symbol für Gold, in der Astrologie für Sonne und in manchen esoterischen Lehren das Bild der schöpferischen Mitte. Dort steht der achteckige Pavillon auf einem viereckig-quadratischen Sockel, an dessen Ecken neunstufige Treppen emporführen. Im Inneren befinden sich acht große, goldverzierte Spiegel, die das Tageslicht auffangen, welches durch die miteinander abwechselnden Türen und Fenster (je vier) fällt, es mit der Spiegelung des Goldes vermischen, sodass es hier auch an trüben Tagen sonnig zu sein scheint. Das Deckengemälde zeigt einen Rundtanz mythischer Gestalten um einen großen, dreigeteilten Stein; dargestellt sind Verwandlungen, d. h. »Metamorphosen« bzw. »Transmutationen«. Und sogar die Zahl der Stufen im ehemaligen Eingangsgebäude lässt sich symbolisch sehen: 7 Stufen führen zum ersten Absatz, 2 Treppen mit jeweils 16 Stufen zum ersten Stock. 7 und 2 mal 16 (1 + 6 = 7) ergibt 3 mal 7 = 21 und daraus 2 + 1 = 3. Im Grundriss und den einzelnen Bauten dieser Anlage wird das Lehrbild eines hermetisch-alchemistischen Ordens des 18. Jahrhunderts symbolhaft angedeutet. Den Bau plante und finanzierte ein Freimaurer, und die Eröffnung des profanen Teiles dieses weitläufigen Gebäudekomplexes nahm er persönlich am 31. Juli 1752 in Wien vor. Damals wie heute wird dieser Teil eines Schlossgartens als Menagerie genutzt.

Was bedeuten die Symbole des Schönbrunner Tiergartens?

Franz I. Stephan (1706–1765), seit 1731 Freimaurer und seit 1747 römisch-deutscher Kaiser, gründete 1752 »die auf seine eigene Spesen in dem Schönbrunner Park erbaute Menagerie«. Hier errichtete er einen zeitgemäßen Tiergarten, wobei 12 Logen geräumige Freiluftkäfige waren. »Loge« bedeutet ja auch einen zu einer Höhle offenen Raum, die Namensgebung war also doppeldeutig. Gleichzeitig entstand aber, getarnt durch die Menagerie, ein alchemistisch-rosenkreuzerisches Laboratorium für den Kaiser. Dasselbe war im Keller des zentralen Pavillons untergebracht.

Der ominöse Orden der »Gold- und Rosenkreuzer« hatte früh in Wien Fuß gefasst. Diese hermetisch-alchemistische Geheimlehre war gleichzeitig auf Weisheit ausgerichtet wie auch praktisch operativ tätig. Sie hieß »ars regia«, also KK, und ihr zentrales Symbol war das königliche und sonnenhafte Gold.

Das Interesse des Kaisers war dementsprechend groß. Die alchemistische Betätigung galt der Herstellung des »Steines der Weisen« (Deckengemälde im Kaiserpavillon) und der Gewinnung von Gold aus unedlem Metall (Transmutation). Eine Materia prima dafür war »Sternschnuppensubstanz« (Kometenschweif im Grundriss). Das Dreieck der Zufahrtsstraßen symbolisiert Corpus, Anima und Spiritus, also Körper, Seele sowie Geist und führt zum Lapis philosophorum, der im Deckengemälde zu sehen ist.

Das Quadrat, auf dem der Pavillon steht, ist das Symbol der vier Elemente, nebst den entsprechenden Tugenden, die als Köpfe oberhalb der Türen dargestellt sind: Weisheit, Gerechtigkeit, Besonnenheit und Tapferkeit. Um dieses Quadrat schließt sich ein Kreis. Der Pavillon selbst ist achteckig, das Zeichen des ewigen Kreislaufes, Rettungs- und Glückszahl, Sinnbild der Weihe.

Auch die Taufbecken in den frühen Kirchen waren achteckig. Die heilige Zahl 7 war das Losungswort des ersten Grades der Rosenkreuzer. Das System hatte 9 Grade (vom »Junior« bis zum »Magus«), Voraussetzung für die Einweihung war der Meistergrad der symbolischen Freimaurerei. Von den Rosenkreuzern wurde auch das maurerische Schurzfell getragen.

In der 2. Hälfte des 18. Jahrhunderts drang die Gold- und Rosenkreuzerei als Exklusivzirkel in die Freimaurerlogen ein und stiftete hier viel Unheil und Verwirrung. Großartige Leistungen und Offenbarungen wurden versprochen, nichts wurde gehalten. 1792/93 ist der Orden erloschen, Nachfolgeorganisationen ohne offizielle Beziehung zur Freimaurerei gibt es bis in die Gegenwart.

»Das verschleierte Bild zu Saïs«

Wir sollen uns bemühen, zeitlebens Suchende zu sein und zu bleiben, sonst haben wir unseren maurerischen Weg verfehlt. Wer sind wir? Diejenigen, die Ohren haben, um zu hören und jene undefinierbare Harmonie zwischen Herz und Hirn besitzen, um das Wesen der Freimaurerei zu begreifen.

Aus den vielen eindrucksvollen Worten anlässlich jeder Rezeption greife ich nur drei Sätze heraus:

1. Wir hören nach der 1. Reise: »Erkenne Dich selbst!«

2. Die letzte Ermahnung vor der Aufnahme lautete: »Sollte Sie nicht die Sehnsucht nach Wahrheit und Erkenntnis beseelen, dann verlassen Sie diesen Ort …«

3. Bei der Erteilung des großen Lichtes wird uns gesagt: »Was das Licht für das Auge, ist die Wahrheit für den Geist. Möge euer Streben immer auf Licht und Wahrheit gerichtet sein.«

Beides sind Symbole: das Licht und die Wahrheit. Beides sind Ideale, die wir im Leben nicht erreichen, beides sind Phänomene, die uns für die Stunde unseres Todes in Aussicht gestellt werden. Wir sprechen über einen vollendeten Bruder, dass ihm nun das hohe Licht leuchtet, und wir sprechen vom Sterben als der Stunde der Wahrheit.

Man kann über diese Symbolik tiefschürfend philosophieren, den Verstand bemühen – der Ausgang unseres Nachdenkens ist ungewiss.

Man kann aber auch das Herz, die Seele, den Geist ansprechen lassen – und mitfühlen und mitahnen.

Wer könnte uns ansprechen? Nun, z. B. ein Dichter. Wie sollte er uns ansprechen? Nun, durch das, was er eben kann, ein Gedicht.

Vor mehr als 200 Jahren – 1795 – schrieb Friedrich v. SCHILLER, der kein Freimaurer war, aber unter den großen Geistern des Weimarer Kreises viele Freimaurer zu Freunden hatte, eine berühmt gewordene Ballade: »Das verschleierte Bild zu Saïs«.

Ein Jüngling, den des Wissens heißer Durst
nach Saïs in Ägypten trieb, der Priester
Geheime Weisheit zu erlernen, hatte
Schon manchen Grad mit schnellem Geist durcheilt;
Stets riss ihn seine Forschbegierde weiter,
Und kaum besänftigte der Hierophant
Den ungeduldig Strebenden. »Was hab' ich,
Wenn ich nicht alles habe«, sprach der Jüngling,
»Gibt's etwa hier ein Weniger und Mehr?«

Indem sie einst so sprachen, standen sie
In einer einsamen Rotonde still,
Wo ein verschleiert Bild von Riesengröße
Dem Jüngling in die Augen fiel. Verwundert

Blickt er den Führer an und spricht: »Was ist's,
Das hinter diesem Schleier sich verbirgt?« –
»Die Wahrheit«, ist die Antwort. – »Wie?«, ruft jener,
»Nach Wahrheit streb' ich ja allein, und diese
Gerade ist es, die man mir verhüllt?«

»Das mache mit der Gottheit aus«, versetzt
er Hierophant. »Kein Sterblicher, sagt sie,
Rückt diesen Schleier, bis ich selbst ihn hebe.
Und wer mit ungeweihter, schuld'ger Hand
Den heiligen, verbotnen früher hebt,
Der, spricht die Gottheit« – »Nun?«
»Der sieht die Wahrheit.« –
»Ein seltsamer Orakelspruch! Du selbst,
Du hättest also niemals ihn gehoben?«–
»Ich? Wahrlich nicht! Und war auch nie dazu
Versucht.« – »Das fass' ich nicht. Wenn von der Wahrheit
Nur diese dünne Scheidewand mich trennte«
»Und ein Gesetz«, fällt ihm sein Führer ein.
»Gewichtiger, mein Sohn, als Du es meinst,
Ist dieser dünne Flor – für deine Hand
Zwar leicht, doch centnerschwer für dein Gewissen.«

Der Jüngling ging gedankenvoll nach Hause;
Ihm raubt des Wissens brennende Begier
Den Schlaf, er wälzt sich glühend auf dem Lager
Und rafft sich auf um Mitternacht. Zum Tempel
Führt unfreiwillig ihn der scheue Tritt.
Er tritt hinan mit ungewissem Schritt;
Schon will die freche Hand das Heilige berühren,
Da zuckt es heiß und kühl durch sein Gebein
Und stößt ihn weg mit unsichtbarem Arme.

Unglücklicher, was willst du thun? So ruft
In seinem Innern eine treue Stimme.
Versuchen den Allheiligen willst du?
Kein Sterblicher, sprach des Orakels Mund,
Rückt diesen Schleier, bis ich selbst ihn hebe.
Doch setzte nicht derselbe Mund hinzu:
Wer diesen Schleier hebt, soll Wahrheit schauen?
»Sei hinter ihm, was will! Ich heb' ihn auf.«
Er ruft's mit lauter Stimm': »Ich will sie schauen.«
Schauen!
Gellt ihm ein langes Echo spottend nach.

Er spricht's und hat den Schleier aufgedeckt.
»Nun«, fragt ihr, »und was zeigte sich ihm hier?«
Ich weiß es nicht. Besinnungslos und bleich,
So fanden ihn am andern Tag die Priester
Am Fußgestell der Isis ausgestreckt.
Was er allda gesehen und erfahren,
Hat seine Zunge nie bekannt. Auf ewig
War seines Lebens Heiterkeit dahin,
Ihn riss ein tiefer Gram zum frühen Grabe.
»Weh, dem«, dies war sein warnungsvolles Wort,
Wenn ungestüme Frager in ihn drangen,
»Weh dem, der zu der Wahrheit geht durch Schuld!
Sie wird ihm nimmermehr erfreulich sein.«

Seit Jahrhunderten arbeiten die Freimaurer in überlieferten, rituellen Formen. Mehrere tausend Jahre früher begingen schon Mysterienbünde ihre kultischen Handlungen – alles hinter dem Schleier des Geheimnisses, hinter verschlossenen Türen.

Und wer immer sich als »Profaner«, als »vor dem Heiligtum Stehender«, wie das lateinische Wort »pro fanum« wörtlich zu übersetzen ist, also als Nicht-Eingeweihter, heute heimlich den Zugang zu einer freimaurerischen Tempelarbeit erschleichen würde, wer also den Schleier des Geheimnisses wie jener Jüngling zu Saïs auf eigene Faust heben würde, der entdeckte nichts anderes als das feierliche Entzünden von Kerzen, in erhabener Sprache vorgetragene formelhafte Redewendungen, eigenartige Bewegungen und ein seltsames Umherschreiten. Das Feierliche und Erhabene wäre ihm vielleicht lächerlich, die Reden und Bewegungen unverständlich, alles zusammen ein seltsames Theater ohne vernünftige Aussage. Jener Eindringling in den Tempel würde sich darüber hinaus aber vielleicht auch der Fähigkeit berauben, Erhabenes zu empfinden. Alles Symbolische, alles Allegorische würde ihm zur stummen Statue.

Dies mag dem Jüngling zu Saïs schlagartig bewusst geworden sein, als er das Symbol einer höheren Wahrheit durch gewaltsames Entschleiern zur Gipsfigur profanierte.

Mein Wunsch an dieser Stelle ist, richtig verstanden zu werden. Es soll hier nicht einer mythischen Weltbetrachtung das Wort geredet und die Ratio verdammt werden. Es geht um Hybris und Arroganz, es geht um Ehrfurcht und Demut.

Wechseln wir von Schiller zu Goethes »Faust«, welcher von sich sagt: »Mich plagen keine Skrupel noch Zweifel, fürchte mich weder vor Hölle noch Teufel.«

Dies könnte von einem perfiden Politiker stammen, von einem größenwahnsinnigen Industriellen oder einem korrupten Arzt. Das ist Hybris und Arroganz.

Aber Goethes Faust denkt, sucht und spricht offen weiter:

Dafür ist mir auch alle Freud' entrissen,
Bilde mir nicht ein, was Rechts zu wissen,
Bilde mir nicht ein, ich könnte was lehren,
Die Menschen zu bessern und zu bekehren.

Auch hab' ich weder Gut noch Geld,
Noch Ehr' und Herrlichkeit der Welt;
Es möchte kein Hund so länger leben!
Drum hab' ich mich der Magie ergeben, …

Dorthin führt also die Trostlosigkeit der verlorenen Ehrfurcht: Sagt statt Magie etwas anderes, und die Sache wird gleich konkret und aktuell – sagt: Beschwörung des eigenen Nutzens durch anderer Schaden, Vergötzung der Macht des Geldes, Errichtung einer Scheinwelt der subjektiven Unbelehrbarkeit und Unfehlbarkeit.

Solche Leute müssen ihr magisches Image erhalten, ja immer hochhalten – denn sie müssen zwei gleichzeitig betrügen: ihre Umwelt, aber auch sich selbst.

Wer sich jeglicher Möglichkeit verschließt, die bescheidene und ehrliche Zwiesprache mit sich selbst zu erleben, wird der Wahrheit nie näher kommen. Wahrheit ist mit der Ratio allein nicht erfahrbar, sie ist etwas Meta-Physisches.

Wir haben begonnen, über die Symbole Licht und Wahrheit nachzudenken. Es ist Zeit, innezuhalten, um Gemeinsames zu erkennen:

Die Wahrheit ist unsichtbar wie das Licht. Nur dort, wo ein Körper den Gang des Lichtes hemmt, wo es auftrifft, macht es den Körper sichtbar. Licht an sich ist also auch jenseits unserer Physik, also meta-physisch.

Ein zweiter Dichter hat das Motiv des verschleierten Bildes von Saïs aufgegriffen, sein Werk blieb Fragment, aber bis zu einem entscheidenden Satz gedieh das Werk:

»Einem gelang es – er hob den Schleier der Göttin zu Saïs. Aber was sah er? Er sah – Wunder des Wunders – Sich selbst.« Dieses Distichon stammt von Friedrich v. Hardenberg (1772–1801), allgemeiner bekannt als Novalis.

Was lernen wir daraus? –

Selbstfindung durch Suche, durch Erleben des Geheimnisses. Ein Geheimnis nicht im Sinne eines Geheimwissens; ein Geheimnis, weil es sich in unserem Inneren abspielt; ein Geheimnis, weil dieser Prozess rational nicht fassbar ist.

Lasst uns den Schleier des Geheimnisses wahren! Die Wahrheit ist das verlorene Wort, es ist nicht aussprechbar, aber wir können es erfühlen und erahnen. Möge jenen, die für die KK geeignet sind – und nicht jeder ist für eine Kunst geeignet – die Demut des Suchens geschenkt sein. Sie werden belohnt.

Die Freimaurer

Nachwort von Christa Bankl

Aus meiner Sicht als außenstehende, unvoreingenommene Schwester versuche ich die Freimaurer zu begreifen als Vereinigung, bestehend aus ausgeprägten Individualisten, den Spitzen der Intelligenz und den Spitzen der Gesellschaft.

Menschen, Brüder, die für die ganze Welt Positives beitragen möchten, und dies auch vermögen.

Mein Mann wurde am 5. März 1988 als Bruder in eine Wiener Loge aufgenommen. Für ihn als Suchenden war die Freimaurerei keine Karriereschmiede. Sie war eine Blickrichtung, die sich auftat, zu einer neuen geistigen Haltung. Diese wurde zu seiner Lebenseinstellung, die er konsequent durchlebte.

So wie in seinem Beruf als Pathologe ging er auch als Freimaurer kompromisslos seinen Weg, der für einige Brüder vielleicht nicht immer verständlich war, was manchmal wohl auch zu einer gewissen Enttäuschung auf beiden Seiten führen mochte. Je höher die Intelligenz, desto subtiler, aber auch schärfer kann natürlich die Klinge der Auseinandersetzungen sein, jedoch gehören die Einheit und der Zusammenhalt der Brüderlichkeit zu den Grundgedanken der Freimaurerei. Jeder Freimaurer sollte brüderlich sein, jeder Katholik katholisch – und jeder Mensch sollte gut sein. Das wäre die ideale Welt!

Meine Erlebnisse bei vielen Freimaurerfesten, an denen ich meinen Mann begleiten durfte, sind mir noch in bester Erinnerung, gehörten doch die Brüder zu den höflichsten, kultiviertesten Menschen, denen ich je begegnet bin. Ich erinnere mich an wunderschöne, stimmungsvolle Weihnachtsfeiern, zu denen einer der Brüder stets die gesamte Loge mit den Schwestern in seine prachtvolle Wohnung lud. Oder an ein überaus unterhaltsames Spanferkel-Essen im Park einer Jugendstilvilla in Niederösterreich, als sich dreimal so viele Gäste einfanden als erwartet. Die gestresste Hausfrau ließ trotzdem niemanden verhungern. Zu allem Überfluss blieben meine Freundin und ich auch noch im Lift stecken. Für Heiterkeit war damals also gesorgt.

Ohne jemandem nahetreten zu wollen, fallen mir aber auch unwillkürlich die letzten traurigen Wochen im Leben meines Mannes ein: Er hatte einen Abschiedsbrief verfasst, mit Bleistift geschrieben, mehr Kraft hatte er nicht mehr. Mein Mann wartete und hoffte auf ein Zeichen oder eine Antwort. – Nichts! Nur nach seinem Tod fanden sich Beileidswünsche auf dem Anrufbeantworter. Ich habe danach weder von dieser Loge noch von einem der Brüder je wieder etwas gehört. Sehr wohl erhielt ich von deutschen Logen Trost. So mischen sich in meine Gedanken über die Freimaurer dann und wann auch ein wenig zwiespältige Gefühle …

Glossar freimaurerischer Begriffe

affiliieren: eintreten, in eine andere Loge übertreten

Akazie: Symbol der Unsterblichkeit

Aufnahmezeremoniell: erfolgt nach einem strengen Ritus. Der Kandidat, der sich mit seinem Bürgen im Logenhaus eingefunden hat, wird mit verbundenen Augen in einen schwarz ausgeschlagenen, nur schwach erleuchteten Raum geführt, die »dunkle Kammer«. Diese symbolisiert den Zustand des Suchenden, der aus dem Dunkel zum Licht gelangen soll. Außerdem befindet sich in der dunklen Kammer der mit einer schwarzen Kapuze verhüllte sog. »schreckliche Bruder« (»schreckliche Geselle«), der ein Schwert in der rechten Hand hält. Der »vorbereitende Meister« gesellt sich zu ihnen und geleitet den Suchenden in den Tempel, wo die Mitbrüder und der Meister vom Stuhl versammelt sind. Letzterer fragt den Suchenden, ob er mitbauen wolle am Tempel der Humanität. Sodann folgen die drei »Reisen« des Suchenden, die das Wandern zum Licht symbolisieren, aus der dunklen Kammer, dem Tod, hinaus zu neuem Leben. Mit den Worten des Meisters vom Stuhl: »Gib den Suchenden das große Licht!« findet die Zeremonie ihren Abschluss.

Baustück: Vortrag, der ein bestimmtes Thema im freimaurerischen Sinn behandelt

Bijou: Logenabzeichen

decken: zeitweiliges oder endgültiges Austreten aus einer Loge

deputierter Meister: stellvertretender Meister vom Stuhl

Gold- und Rosenkreuzer: Geheimbund aus dem 17. Jahrhundert

Grad: Die gesamte Lehre der Freimaurerei gliedert sich in ein hierarchisches Gradsystem. Da die einzelnen Grade jeweils von einer anderen Arbeitsfarbe gekennzeichnet sind, werden sie z. B. als weiße, grüne, schwarze und rote Grade bezeichnet. Die Grade versinnbildlichen die inneren Entwicklungsstufen eines Freimaurers. Von Grad zu Grad findet dabei eine zunehmende Initiation statt, mit der ethische Werte erfahrbar werden.

hammerführende Maurer: Aufseher, die zusammen mit dem MvSt die Arbeit jeder Freimaurerloge regeln

Hammergewalt: symbolische Gewalt des Meisters vom Stuhl in eröffneter Loge. Sein Hammerschlag eröffnet und schließt die Arbeit, weiht Neophyten, erteilt auch Weihen in höheren Graden. Seinem Hammerschlag ist in erleuchteter Loge unbedingtes Gehör zu schenken.

Hiram: zentrale Gestalt der in der Freimaurertradition überlieferten »Hiram«-Sage. Hiram war der Sage nach der Meister des salomonischen Tempelbaus, der von übelmeinenden Gesellen ermordet wurde. Das Aufnahmezeremoniell in den Meistergrad wiederholt in ritualisierter Form die Ermordung des Meisters, der in jedem späteren Meister symbolisch wiederersteht.

Hochgradsysteme: Freimaurersystem mit sehr komplexer Hierarchie, dem ehemaligen Templerorden ähnlich.

Illuminatenbund: Der Illuminatenorden war ein 1776 vom Philosophen Adam Weishaupt an der Universität in Ingolstadt gegründeter Geheimbund.

Kugelung: Abstimmung darüber, ob ein neues Mitglied in die Reihen der Loge aufgenommen werden soll

Johannis-Freimaurerei: auch »blaue Freimaurerei«. Sie weist drei Grade auf: Lehrling, Geselle und Meister. Die Logenarbeit besteht im Bemühen um moralisch-geistige Selbstfindung.

Meister vom Stuhl, Stuhlmeister oder Logenmeister: Er leitet die freimaurerische Arbeit. In der versammelten Loge hat er seinen Sitzplatz im »Osten« (symbolisch). Üblicherweise wird er von den Logenmitgliedern gewählt und übt das Amt in der Regel zwei oder drei Jahre aus. Seine Abzeichen sind der erste Hammer der Loge und das Winkelmaß.

Neophyt: Suchender, Freimaurer, der in den Bund aufgenommen zu werden begehrt

Oboedienz: kirchliches Sondervermögen, meist durch Schenkung. Bei Freimaurern »Lehrart«

Philalethen: Mitglieder der 1773 konstituierten Freimaurerloge Les Amis Réunis

Procurator generalis: Schatzmeister einer Loge

rauer Stein: Symbol für den Menschen. So wie der mittelalterliche Handwerker den rauen Stein bearbeitet, so soll der Mensch versuchen, sich in ständiger Arbeit zu vervollkommnen – den rauen Stein zu »behauen«.

Schurz: Zeichen der Unschuld (daher meist in weißer Farbe) und Sinnbild der Arbeit

Schurzfell: traditionelle Kleidung der Freimaurer

Schwarze Kammer, auch Dunkle Kammer: abgedunkelter Vorbereitungsraum bei der Aufnahmezeremonie

Strikte Observanz: freimaurerisches Hochgradsystem, entstanden ca. ab 1751. Entwickelt wurde es von einer Gruppe von Personen um den Reichsfreiherrn Karl Gotthelf von Hund und Altengrotkau. In den Anfängen bestand auch eine Verbindung zu anti-englischen Oppositions-Gruppierungen in Schottland

Symbolische Freimaurerei: im Gegensatz zu den tatsächlichen Handwerksbünden das spekulative System der Freimaurerei, wie es sich ab ca. dem 17. Jahrhundert ausprägte

Tubal Kain, auch Tubalkain: Sohn von Lamech, dem ältesten Sohn Kains, und der Zilla (vgl. 1. Mo 4,22). Stammvater aller Erz- und Eisenschmiede

Winkel und Zirkel: freimaurerische Grundsymbole. Sie stehen für die materiellen und geistigen Kräfte, die auf den »rauen Stein« einwirken, um ihn zu vervollkommnen.

Abkürzungsverzeichnis

A. F. u. A. M. v. D.: Großloge der Alten Freien und Angenommenen Maurer von Deutschland

Br., Brr.: Bruder, Brüder

FM/FMei/MEI: Freimaurerei

frm.: freimaurerisch

GBAW, ABAW, GbaW, G: »Allmächtiger Baumeister aller Welten«. Symbol für ein höheres Sein. Der einzelne Freimaurer füllt diesen Symbolbegriff für sich nach seiner jeweiligen Gottesvorstellung aus.

GL, GLL: Großloge, Großlogen

KK: Königliche Kunst der Freimaurerei mit der in ihr angestrebten Vollendung in Selbsterkenntnis, strenger Selbsterziehung und harmonischer Lebensführung

L: Loge

mr.: maurerisch

MvSt.: Meister vom Stuhl

RS: rauer Stein

T: Tempel

WT: Weiße Tafel; das bei jeder Zusammenkunft wichtige »Brudermal«.

Literatur

Michael BAIGENT/Richard LEIGH: Der Tempel und die Loge. Das geheime Erbe der Templer in der Freimaurerei. (1991)

Hans BANKL: Hiram. (2007)

Dieter A. BINDER: Die diskrete Gesellschaft – Geschichte und Symbolik der Freimaurerei. (1988)

Michael KRAUS (Hg.): Die Freimaurer. 3. Aufl. (2007)

Eugen LENNHOFF/Oskar POSNER: Internationales Freimaurer-Lexikon. Amalthea 1980; neu von Eugen Lennhoff/Oskar Posner/Dieter A. Binder in der 5. Aufl. (2006)

Helmut REINALTER: Die Freimaurer, 5. Aufl. (2006)

Helmut REINALTER u. a.: Zaubertöne. Mozart in Wien 1781–1791. Katalog zur Ausstellung im Historischen Museum der Stadt Wien. (1991)

Illustrationen

Die abgebildeten Gegenstände stammen aus dem Nachlass von Hans Bankl. Fotografiert wurden die Freimaurer-Memorabilien von Isolde und Otto Spitzenberger. Die Herausgeberin und der Verlag danken ihnen dafür.

Personenregister